KB138854

성서 속 성 심리

에덴에서 예수 시대까지

성서 속 성 심리

© 조성기

초판 1쇄 인쇄 | 2021년 6월 7일
초판 1쇄 발행 | 2021년 6월 10일

지은이 | 조누가(조성기)
발행인 | 강영란
편집 | 강혜미, 권지연
디자인 | 트리니티
마케팅 및 경영지원 | 이진호

펴낸곳 | 샘솟는기쁨
전화 | 대표 (02)517-2045
팩스 | (02)517-5125(주문)
이메일 | atfeel@hanmail.net

홈페이지 | https//blog.naver.com/feelwithcom
페이스북 | https//www.facebook.com/publisherjoy
출판등록 | 2006년 7월 8일

ISBN 979-11-89303-47-1(03190)

※책값은 뒤표지에 있습니다.
※잘못 만들어진 책은 바꿔 드립니다.

에덴에서 예수 시대까지 ———

성서 속
성 심리

왜 성서에 이처럼 불편한 진실을 기록했을까?

유혹과 욕망의 성 심리를 말하다

에덴에서 예수 시대까지 이데올로기

샘솟는
기쁨

추천사

김도인 목사
아트설교연구원
대표

성으로 풀어낼 수 있는
성경의 위대함

"하나님이 깨끗하다고 하신 것을 속되다 하지 말라(행 11:9)"는 말씀이 생각나게 하는 책이다. 저자는 「창세기」 1장의 '성(性)의 창조'를 언급하면서 교회에서 금기시 되는 성을 하나님의 계획 안에서 풀어낸다. 성과 남녀의 교합은 원래 하나님이 인간을 비롯한 생물들에게 내려 준 축복인 것이다.

이 책 『성서 속 성 심리』는 우리에게 성경을 다양하게 풀어내야 한다는 당위성을 주고 있다. 그동안 '구속사' 관점에서만 성경을 풀어내려 했다면, 이 책은 하나님의 거룩함과 축복의 입장에서 '성'을 풀어낸다. 이런 접근법은 성경을 읽는 안목의 '맞음과 틀림'이 아니라 '다름'으로 균형있게 풀어내야 한다는 것을 말해 준다.

성경을 성의 관점으로 풀어낼 수 있는 저자도 위대하지만 성으로 풀어낼 수 있게 하는 성경의 위대함이 돋보이는 책이다.

이정일 교수
『문학은 어떻게 신앙을
더 깊게 만드는가』 저자

구원의 손길로 이어지는
성 담론

이 책은 자기 생각 밖으로 걸어 나가는 일을 왜 해야 하는지를 깨우치게 한다. SNS 친구가 많아도 외로운 이유는 진짜 속마음을 나누지 못하기 때문일 것이다.

이 책은 진짜 속마음을 나눈다. 성서를 읽다가 근친상간, 합환채, 강간, 간음 같은 거북한 성 이야기가 등장하면 당황스럽고 묻기가 쉽지 않다. 그런데 저자는 우리를 대신하여 묻고 답을 한다. 그 답을 듣다 보면 그들이 살던 세상과 우리가 살아가는 세상이 별반 다르지 않다는 것을 느낀다.

처음엔 에덴에서 예수 시대까지 이어진 유혹과 욕망의 성 심리는 뭘까 하는 호기심을 따라 읽지만, 읽다 보면 두뇌 속 공감회로에 불이 붙는다. 그리고 성이란 하나님이 주신 축복이며 그것이 결국엔 구원의 손길을 경험하게 하려는 하나님의 손길임을 다시금 깨닫는다. 많은 도움을 주는 이 책을 추천한다.

박양규 목사
교회교육연구소 대표,
『인문학은 성경을
어떻게 만나는가』 저자

성은 지극히 당연한 것이고
축복이다

중세 교회의 주된 특징은 이분화된 사고방식이다. 성과 속, 즉 거룩한 영역과 세속적인 영역을 구분한 방식이 그렇다. 이 책을 읽으며 현대 교회가 이분화된 사고를 하고 있는 것은 아닌가 하는 생각을 한다. '성'은 지극히 당연한 것이고 축복임에도 불구하고 그것을 금기시하는 것이 '거룩'이라고 생각하는 자화상을 보게 되었다. 그런 이중성은 성의 개념을 소심하게 왜곡한다. 그 결과 한국 교회의 윤리성을 추락하게 할 뿐, 결코 상승시키지는 못했다.

더 이상 성을 금기시 하여 음성적 차원에 가둘 것이 아니라 진솔함으로 공론화 할 시기라 믿는다. 이 책은, 너무나 당연한 것들을 거룩이라는 베일로 애써 가리려고 했던 부분을 드러내어 깨닫게 한다. 성경을 통해 성에 대한 고찰을 할 수 있도록 많은 도움을 주는 책이다.

___
차례
___

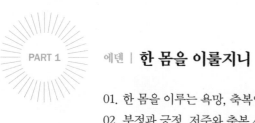

PART 1 에덴 | **한 몸을 이룰지니**

PART 2 족장 시대 ① | **우리가 그들을 상관하리라**

PART 3 족장 시대 ② | **우리야의 아내가 솔로몬을 낳고**

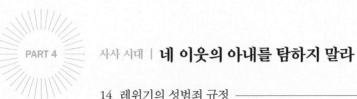
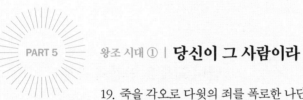

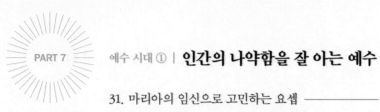

성서는 왜
불편한 진실을 말할까

'성서'라는 말은 거룩한 책이라는 뜻이다. 하지만 성서는 거룩한 내용만 기록되어 있지 않다. 거룩한 인물에 대한 이야기만 담겨 있는 것이 아니다. 오히려 거룩한 인물보다 거룩하지 않은, 다시 말해 죄 많은 인간들에 대한 이야기가 더 많이 담겨 있다. 죄 중에서도 특히 성과 관련된 죄를 범한 인간들의 이야기가 많이 나온다.

인류가 일정한 사회를 이루고 나서 가장 중요한 두 가지 금기가 주어졌다. '살인하지 말라', '간음하지 말라' 이 두 가지 금기는 각각 죽음 및 성과 관련이 있다.

죽음의 정체와 세력, 성의 정체와 세력은 너무도 불가사의하고 두렵기 때문에 사람들은 감히 그것들을 직접 대면하기를 꺼려한다. 조르주 바타유, 카를 융, 장 보드리아르 등 통찰력 있는 학자들은 사람들이 죽음과 성을 대면하기를 꺼려하여 에둘러서 표현하는 방식을 택한다고 한다. 유머와 해학, 풍자 같은 방식으로 죽음과 성을 희화화 한다는 것이다.

하지만 성서는 죽음과 성의 문제를 희화화 하지 않고 그 실상을 직면하도록 한다. 이스라엘 민족의 조상이나 역사상 칭송받는 인물들의 성추문이나 성범죄까지도 그대로 드러내고 있다. 자존심이 강한 이스라엘 민족 입장에서는 불편한 진실이 아닐 수 없다.

신약의 첫 책 「마태복음」 첫 장 예수의 족보에도 그런 인물들이 제법 많이 포함되어 있다. 예수의 족보는 소위 거룩한 족보가 아니다. 성적인 갈등 속에 죄를 범하기도 하는 우리로서는 거룩한 책 성서에 나오는 인물들도 우리와 그렇게 다르지 않다는 사실에 위로를 받기도 하고 준엄한 책망을 듣기도 한다.

성서는 인간들이 어떤 점에서 죄를 범하기 쉬운가를 적나라하게 드러내어 경종을 울리고 교훈을 삼도록 한다. 특히 성적인 면에서 인간들이 유혹받기 쉽고 죄를 짓기 쉬운 점을 여러 상황에서 경고하고 부각한다. 또한 현대 사회에서는 이해하기 힘든 성 풍속이 구약 이스라엘 사회에서는 용납되기도 한다.

성(性)은 하나님이 창조하신 것이고 그러므로 창조하신 목적대로 사용되어야 한다. 하지만 인간들이 성을 창조 목적대로 사용하지 않기 때문에 많은 문제를 야기하게 되었다.

성서의 인물과 사건들을 통해 성 심리를 살펴봄으로써 인간 이해와 성서 이해를 좀 더 깊게 하고 우리 자신과 현대 사회를 성찰하고자 한다. 그리고 알게 모르게 성서에 대한 편견과 성에 대한 편견을 가지고 있었던 점을 돌아보고 교정하고자 한다.

이 책은 원래 『성서 속의 성』이라는 제목으로 오래 전에 출간된 바 있다. 성서에 나오는 성(城)을 연구한 책으로 오해받기도 했다. 이번에 새로 개작하여 『성서 속 성 심리』라는 제목으로 '샘솟는기쁨' 출판사에서 출간하게 되었다. 어려운 시기에 출간을 결정해 주신 강영란 사장님과 이진호 이사님에게 감사드리며 출간하기까지 수고를 아끼지 않은 편집부 일꾼들에게 감사의 마음을 전한다.

2021. 5. 1

관악산 자락에서, 조누가

거룩한 말씀들로만
채워져 있었다면

내가 작품 활동하는 가운데 나에 대한 두 가지 상반된 견해들이 있는 것을 보게 된다. 종교적인 문제를 다루는 작가, 성의 문제에 천착하는 작가. 이 두 가지 사이에서 혼돈을 느끼는 분들도 있는 것 같다. 그런데 사실은 내가 기독교라는 종교를 택하게 된 계기가 성적인 갈등과 긴밀하게 연관되어 있다. 「로마서」 7장의 바울의 갈등을 나는 처음에는 전적으로 성적인 갈등으로 이해했다.

성적인 갈등을 통하여 나 자신이 구원이 필요한 존재임을 인정하지 않을 수 없었다. 신앙을 가진 이후에도 끊임없이 성적인 갈등과 싸워야만 했다. 아마 일생 동안 그 문제와 싸우게 될 것이라는 예감을 느끼게 된다. 다만 나는 그 싸움에서 승리할 수 있는 비결을 알고 있다. 그 비결을 알고 있는 것과 그것을 실천하고 활용하는 것과는 천양지판의 차이가 있다.

나는 그 비결을 실천하고 활용하였을 때의 승리감과 행복감을 체험하고 있기에 계속해서 승리의 거점을 확보하고 싶다. 성경에 나와 같이 성적으로 갈등하는 인물들이 나오지 않았더라면, 다시 말해 성경이 거룩한 말씀들로만 채워져 있었다면 아마도 나에게는 구원의 빛이 찾아오지 않았을 것이다. 그런 점에서 성경은 우리 인생들에게 효과적인 접촉점 (touch-point)들을 마련해 주는 고마운 책이다.

성경 전체를 성이라는 주제로 꿰뚫어 보고 싶은 생각은 늘 가지고 있었다. 다행히 1년 가까이 연재 지면을 얻게 되어 꾸준히 그 작업을 할 수 있었다. 성과 관련된 사회적, 인류학적, 심리적, 생태학적 관점들이 함께 다루어지고 있고, 각 나라의 성풍속과 양생학적인 측면들도 간간이 언급되고 있다.

성경은 딱딱한 책이라는 고정관념을 깨뜨리는 데 이 책이 일정 부분 기여할 것 같다. 그리고 무엇보다 성적 갈등을 비롯한 인생 문제로 방황하는 분들이 성경 읽는 재미를 통하여 조금이나마 도움을 얻을 수 있었으면 하는 것이 나의 소박한 바람이다. 졸저를 출간해 준 동아일보사 출판국에 감사를 드린다.

2005. 3. 20
조성기

※ 2005년 출판된 『성서 속의 성』의 저자의 말

PART 1

에덴

한 몸을 이룰지니

이러므로 남자가 부모를 떠나
그의 아내와 합하여 둘이 한 몸을 이룰지로다
창세기 2장 24절

01

한 몸을 이루는 욕망,
축복인가

「창세기」 1장은 천지 창조에 관한 웅장한 신앙고백시이다. 제목은 '태초에 하나님이 천지를 창조하시니라'이고, 6연 30행으로 이루어졌다. '하나님이 보시기에 좋았더라', '저녁이 되고 아침이 되니 이는 ○째 날이니라', '그 종류대로' 등등 비슷한 구절들이 계속 반복되면서 운율을 살려 주고 있다. 혼돈, 공허, 흑암의 카오스 상태가 어떻게 질서, 충만, 광명의 코스모스 세계로 변화되고 있는가를 노래하고 있다.

그런데 「창세기」 1장이 성(性)의 창조를 선언하고 있다는 사실에 대해서는 별로 주목하지 못한다. 특히 공허가 충만으로 변화하는 과정에서 성(性)이 큰 역할을 감당하고 있다. 하나님은 식물의 성을 먼저 창조했다.

셋째 날 "땅은 풀과 씨 맺는 채소와 각기 종류대로 씨 가진 열매 맺는 나무를 내라"고 했다. '씨'라는 말에서 이미 암수 구별이 생겼음을 알 수 있다. 그 다음 하나님은 물고기의 성을 창조했다.

다섯째 날 "물들은 생물을 번성하게 하라"고 했다. 여기서 생물은 물고기뿐만 아니라 물에서 움직이는 모든 살아 있는 것을 의미한다. 그리고 같은 날 하늘을 나는 새의 성도 창조되었다. "새들도 땅에 번성하라"고 했는데, 새들이 번성하려면 암수가 짝을 지어야 한다.

여섯째 날 하나님은 짐승들의 성을 창조했다. "땅의 짐승을 그 종류대로, 가축을 그 종류대로, 땅에 기는 모든 것을 그 종류대로 만드시니 하나님이 보시기에 좋았더라"(창 1:25)고 하였으며, 같은 날 마지막으로 인간의 성을 창조했다.

하나님이 인간의 성을 창조하실 때는 다른 경우와 달리 서로 의논하는 듯 신중한 모습을 보이고 있다. "우리의 형상을 따라 우리의 모양대로 우리가 사람을 만들고 그들로 바다의 물고기와 하늘의 새와 가축과 온 땅과 땅에 기는 모든 것을 다스리게 하자"(창 1:26) 그리고 나서 "하나님이 자기 형상 곧 하나님의 형상대로 사람을 창조하시되 남자와 여자를 창조하시고 하나님이 그들에게 복을 주시며 그들에게 이르시되 생육하고 번성하여 땅에 충만하라"(창 1:27-28)고 했다.

생육하고 번성하여 땅에 충만하기 위해서는 남자와 여자의 교합이 반드시 필요한 법이다. 무엇보다 '복을 주시며'라는 구절에서 알 수 있듯이 인간에게 성은 원래 축복으로 주어진 것이다.

「창세기」 2장은 남자와 여자의 창조에 관하여 좀 더 구체적인 과정을 보여주고 있다. "하나님이 땅의 흙으로 사람을 지으시고 생기를 그 코에 불어넣으시니 사람이 생령이 되니라"(창 2:7) 하나님은 그 사람을 에덴동산으로 데리고 와 그곳을 다스리게 했다.

또한 사람이 혼자 사는 것이 좋지 아니하다면서 돕는 배필을 지어 주겠다고 했다. 하나님이 남자를 깊이 잠들게 하고, 그 갈빗대 하나를 취하여 그것으로 여자를 만들었다. 그리고 여자를 남자에게로 데리고 오자 남자가 여자를 보고 외쳤다. "이는 내 뼈 중의 뼈요 살 중의 살이라!" 남자에게서 취했다 하여 여자라 부르겠다는 구절이 바로 뒤에 나온다. 남자는 히브리어로 '이쓰'라고 하고 여자는 '이싸'라고 한다. 글자로 보아서도 남자와 여자는 갈빗대 하나 같은 한 획의 차이밖에 없다.

남자의 이름은 아담이고 여자의 이름은 하와(이브)이다. 아담은 흙이라는 뜻이고 하와는 생명이라는 뜻이다. 흙은 인간이 창조된 근원인 동시에 인간이 돌아갈 처소, 즉 죽음을 암시한다.

다시 말해 남자는 죽음이고 여자는 생명이다. 남자는 흙으로 돌아가지만 여자를 통하여 생명을 이어 간다. 여자는 남자의 부활이요 영생이다. "이러므로 남자가 부모를 떠나 그의 아내와 합하여 둘이 한 몸을 이룰지로다"[창 2:24] 성서에서 최초로 나오는 성교에 관한 표현이다.

남녀가 합하는 과정을 글로 구체적으로 묘사한다든지 그림으로 자세히 그린다든지 하면 외설이라는 판정을 받기 십상이다. 그러나 따지고 보면 '한 몸을 이룰지로다'라는 구절이야말로 남녀 교합에 관한 가장 강렬한 표현이라 해도 과언이 아니다. '내 뼈 중의 뼈요 내 살 중의 살'과 한 몸을 이룬다는 것은 얼마나 가슴 벅찬 일인가.

한 몸을 이루고 싶은 욕망에 관하여 그동안 수많은 논의와 연구와 분석들이 진행되어 왔다. 성에 관한 뛰어난 이론가인 조르주 바타유(Georges Bataille)는 그의 저서 『에로티즘』에서 에로티즘이란 불연속적 존재들의 연속성에 대한 희구라고 정의를 내려놓고 있으며, 연속성에 대한 희구가 어떤 형태로 나타나느냐에 관하여 세세히 설명한다. 그 모든 말은 '한 몸을 이루고 싶은 욕망'이라는 한 구절로 요약할 수 있다.

성심리학에서도 인간은 원래 양성성을 지니고 있는데, 한쪽 성만을 강요당하는 억압에서 벗어나 다른 쪽 성과 결합함으로써 원래 가지고 있던 양성성을 회복하고자 끊임없이 모색한다고 했다. 음양학적으로 보면 음과 양이 결합된 태극의 상태를 지향한다는 말이다.

그런데 재미있는 것은 하나님을 뜻하는 '엘로힘'이라는 히브리어 단어가 양성성을 지니고 있다는 점이다. 엘로힘은 여성 단수인 '엘로'와 남성 복수 어미인 '임'이 합성된 단어이다. 카발리스트라고 불리는 유대 신비주의자들의 문서에 보면, 태초에 '엔 소프'라는 무한대한 힘이 있었고, 그 힘으로부터 '아담 카드몬'이라는 인간 원형이 나왔다고 한다.

아담 카드몬은 남성과 여성을 함께 갖춘 양성 존재인데, 그 존재로부터 남성인 아담과 여성인 이브가 분화되었다는 것이다. 그러니까 카발리스트의 논리에 의하면, 아담이 이브와 한 몸을 이루고 싶은 욕망은 원초적 인간인 아담 카드몬으로 돌아가고 싶은 욕망인 셈이다.

예수 시대 이후 200년간이나 풍미했던 그노시스트(영지주의자)의 문서들은 인간의 창조는 양성 존재인 신의 아들 혹은 사람의 아들로부터 시작되었다고 했다. 『도마복음서』 책을 보면 어린아이를 놓고 예수와 제자들이 주고받은 대화들이 기록되어 있다.

"예수께서 젖 먹는 아이를 보시고 제자들에게 이르시되 누구든지 이 젖 먹는 어린아이 같아야 천국에 가느니라 라고 했다. 제자들이 예수께 묻되, 그러면 우리가 어린아이가 되어야 천국에 갑니까? 예수께서 대답하시되, 둘이 하나가 되고, 안이 바깥 같이, 위가 아래 같이 될 때에, 그리고 남자와 여자가 하나 되어 남자가 남자가 아니고 여자가 여자가 아닐 때에 천국에 들어가느니라"

에리히 프롬(Erich Fromm)은 신(神)의 발전 단계를 말하면서, 초기의 신은 모성의 신이고, 그 다음 단계는 부성의 신(여호와)이며, 그 다음 단계는 모성과 부성이 합해진 신이라고 했다. 다시 말해 남성과 여성이 합해진 신이 더욱 발전된 신의 형태라고 하면서 그 모형을 예수에게서 찾았다.

미국 전 대통령 카터의 여동생 루스 카터가 쓴 『마음의 병을 고치는 은사』에서도 아버지의 사랑과 어머니의 사랑을 균형 있게 받지 못할 때 마음에 병이 든다고 진단하면서 예수를 통하여 아버지의 사랑과 어머니의 사랑을 아울러 받아 그 병이 치유되는 사례들을 소개하고 있다.

남자가 여자와 한 몸을 이루고 싶고 여자가 남자와 한 몸을 이루고 싶은 욕망은 연속성에의 회구일 뿐 아니라 양성성에의 회구라고도 볼 수 있다. 다시 말해 좀 더 나은 인격체가 되고자 하는 욕망이라고 해도 과언이 아니다.

그래서 하나님은 "사람이 혼자 사는 것이 좋지 아니하다"(창 2:18)고 한 것일까. 성이라는 것이 창조되어 세상에 편만하고, 남성성과 여성성, 즉 암수로 분화되어 서로 짝을 찾아 한 몸을 이루고자 애태우는 현상들이 신비롭기 그지없다. 참으로 성은 신비로운 축복이다. 그러나 그 신비를 범할 때 성은 저주로 돌변하기도 한다.

02

부정과 긍정,
저주와 축복 사이

여호와가 아담과 하와를 창조한 초기에는 "아담과 그의 아내 두 사람이 벌거벗었으나 부끄러워하지 아니하니라"(창 2:25)고 했다. 흔히 벌거벗은 상태와 부끄러움, 즉 수치심은 동전의 양면처럼 늘 붙어 다닌다. 조르주 바타유도 에로티즘의 속성을 논할 때 '벌거벗기기'를 중요한 항목으로 다룬다. 상대방을 벌거벗김으로써 원시 상태로 돌아가게 하여 수치심을 유발하고 모독하는 쾌감은 에로티즘에서 빼놓을 수 없는 요소라는 것이다.

그런데 초기 에덴에서는 벌거벗은 상태가 어떤 수치심도 유발하지 않았다. 벌거벗기기를 통하여 상대방을 모독함으로써 얻게 되는 쾌감 같은 것은 끼어들 여지가 없었다. 하지만 「창세기」 3장에 이르러 상황이 급전되고 만다. 두 사람은 벌거벗은 상태가 부끄러운 것임을 알고 무화과나무 잎으로 '치마'를 엮어 자기 몸을 가린다. 치마라는 말에서 알 수 있듯이 남자와 여자는 특히 자신들의 하체가 드러나는 것을 부끄러워했다.

어떤 종파에서는 남자와 여자가 치마로 하체를 가리는 것은 두 사람이 잘못된 결합으로 타락했음을 의미한다고 주장한다. 그리하여 여호와가 먹지 말라고 한 선악과를 따 먹은 행위는 다름 아닌 성행위라는 것이다. 물론 여기서의 성행위는 여호와의 뜻을 따르지 않고 자신들의 욕망에만 집착한 교합을 뜻한다.

선악과를 따 먹지 말라는 여호와의 명령을 성행위에 국한하여 해석하는 것은 그 명령의 함축적인 뜻을 형해화(形骸化)하고 있는 셈이다. 선악과를 따 먹음으로써 창조주와의 질서를 깨뜨린 결과 모든 면에서 타락 현상이 따라온 것만은 분명하지만 말이다.

창조주와의 관계가 깨어져 인간이 독립적인 존재가 되고 나서 맨 처음 가지게 된 것이 성적 수치심이다. 우리의 경험을 통해 보더라도 성 문제로 타락하고 나서 성적 수치심을 가지게 되는 것은 아니다. 성적 수치심은 우리의 본능 속에 이미 자리 잡고 있다.

성적 수치심은 넓게 보면 원죄의 범주에 들 수 있지만 정치사회적으로 보면 성을 억압하는 문화와도 관련이 있다. 미셸 푸코(Michel Foucault)는 『성의 역사』에서 이 문제를 진지하게 다룬다. 고해성사를 통해서는 성에 관하여 세세한 부분까지 고백하도록 하면서도 사회적으로는 성 이야기를 규제하는 모순에 대해서도 분석하고 있다.

> "우리는 이상한 거리낌 때문에 우리가 그것(성에 관한 이야기)에 대해 충분히 말하고 있는 것은 아니라고, 우리가 너무 겁이 많고 소심하다고, 우리는 너무나도 분명한 것을 무기력과 복종 때문에 숨기고 있다고, 그리고 본질적인 것은 언제나 우리의 손에서 빠져나가며 그렇기 때문에 그것을 찾아 또다시 떠나야 한다고 확신하고 있다."

"성에 대해 가장 끈질기고 동시에 가장 초조해하는 사회가 있다면 그것은 바로 우리의 사회일 것이다."

성에 관한 이야기를 용감하게 하는 사람의 심리에도 성적 수치심이 깔려 있다는 분석은 귀를 기울일 만하다. 연예인 서갑숙은 과감하게 성에 관한 이야기를 털어놓고서도 사람들이 자신을 알아볼까 봐 한동안 얼굴을 가리고 다녔다는 일화는 시사하는 바가 크다. 누구보다 성 담론에 앞장섰던 마광수도 더 이상 성 관련 소설은 쓰지 않겠다고 토로한 적이 있다. 그 역시 본래적인 성적 수치심과 연관되어 있는 셈이다.

만약 같은 것을 사용하지 않는 이상, 성적 수치심을 없애기 위한 인간적인 노력들은 대개 수포로 돌아가게 마련이다. 우리가 사는 사회는 '아담과 그의 아내 두 사람이 벌거벗었으나 부끄러워 아니한' 초기의 에덴이 아니므로, 우리에게 있는 성적 수치심을 교묘한 합리화로 없애려고만 하지 말고, 맹자가 말한 '수오지심(羞惡之心)'의 하나로 받아들여 자신을 지키는 경계로 삼는 것이 현명할 터이다.

성서에서는 아담과 하와가 에덴에서 쫓겨나 비로소 성행위를 했음을 암시한다. 에덴에서는 인간의 성행위가 없었다고 할 수 있다. 어쩌면 인간은 성 쾌락을 통해 잃어버린 에덴에 대한 보상을 받아 내려 하는지도 모른다. "아담이 그의 아내 하와와 동침하매 하와가 임신하여 가인을 낳고"(창 4:1)

가인은 영어의 '게인(gain)'과 같은 말로 얻었다는 뜻이다. 아담은 에덴을 잃고 가인을 얻었다. 그런데 이 가인이 아우 아벨을 시기하여 돌로 쳐

죽이고 방랑자 신세가 되었다. 가인은 에덴 동편 놋 땅에 거주하면서 아내와 동침하여 에녹을 낳았다.

여기서 가인의 아내는 도대체 누구인가 하는 문제가 제기된다. 세상에는 아담 가족밖에 없는데 가인의 아내는 어디서 생긴 것일까. 성서의 기록대로라면 가인의 아내는 가인의 여동생인 셈이다.

원시 공동 사회에서는 여동생이 아내가 되기도 하고 누나가 아내가 되기도 했다는 것은 잘 알려져 있는 사실이다. 어원석으로도 '누나'나 '마누라' 같은 단어는 '눕다'라는 말에서 나왔다고 한다. 우리 인류는 어차피 근친결혼의 산물들이다. 그런 콤플렉스를 극복하기 위해 동성동본 혼인을 금지해 왔는지도 모른다.

이스라엘의 조상으로 추앙받는 아브라함도 이복 누이인 사라와 결혼하여 아이를 낳았다. 인류학적으로도 가인이 여동생과 결혼했다고 하여 조금도 이상할 것이 없다. 다만 현대의 가족관으로는 용납하기 힘든 사안이라 이 문제를 해결하기 위해 인간 이중창조설을 주장하는 학자들도 있다. 그들은 「창세기」 1장 1절에서 2절 사이에 사탄의 타락이 있었다고 한다. 그렇기에 '땅이 혼돈하고 공허하며 흑암이 깊음 위에 있는' 카오스의 상태가 되었다는 것이다.

이미 창조된 인간들도 타락하여 여호와는 아담이라는 새로운 인간을 창조하여 타락한 인간들을 구원하고 회복시키려 했다는 것이다. 그런데 그 아담마저도 선악과를 따 먹고 타락함으로써 여호와의 계획이 크게 차질을 빚는 바람에 결국 마지막 아담인 예수가 와야만 했다는 논리이다. 그런 논리대로 하면 아담이 창조될 때 세상에는 여러 인종이 이미 살고 있었다. 가인은 그 인간들 중 한 여자를 택하여 아내로 삼았으니 근친결혼이 아니라는 것이다.

그러나 앞에서도 말했듯이 「창세기」 1장 1절은 1장 전체의 제목에 해당하는 셈이고, 2절은 타락한 상태를 가리키는 것이 아니라 창조의 초기 상황을 가리킨다고 보는 것이 타당하다. 우리 현대인이 인정하기 힘들더라도 가인은 여동생과 결혼했음에 틀림없다. 아담은 가인의 아버지인 동시에 장인이 되고, 하와는 가인의 어머니인 동시에 장모가 된다.

「창세기」 1장에서 11장까지의 내용을 하나의 신화로 여기는 사람들은 가인이 여동생과 결혼했느냐, 다른 집 여자와 결혼했느냐 하는 문제로 골머리를 앓을 필요가 없다. 다만 그 신화에 내포되어 있는 의미만을 취하면 된다. 그런데 성서에서는 인간의 성행위가 원래 계획된 대로 여호와의 축복 속에서 시작된 것이 아니라 가인이라는 죄악의 씨를 낳는 데 처음으로 시행되었음을 말해 주고 있다. 게다가 가인은 여동생과 성행위를 하게 된다.

이와 같이 성행위의 부정적이고 불가해한 측면이 인류 역사 초기부터 부각되고는 있지만 그래도 성에 대한 창조주의 축복은 여전히 유효하다. 여호와가 가인에게 벌을 내리면서도 이마에 표를 주어 죽임을 면하게 한 것처럼, 성에 대해서도 부정과 긍정이 동시에 주어지고 있는 셈이다. 성(性)으로 들어가는 길은 부정과 긍정, 저주와 축복 사이의 외줄 위에 놓여 있다. 가인의 후예들이 그 외줄을 위태롭게 타고 가고 있다.

03

아담의 800세 성생활이
궁금하다

「창세기」는 영어로 '제네시스(Genesis)'라고 한다. 제네시스는 기원, 생성, 내력이라는 뜻을 가지고 있다. 내력은 족보, 또는 계보를 의미한다. 창세기는 계보의 책이라고 해도 과언이 아니다. 하늘과 땅이 생겨난 내력, 즉 하늘과 땅의 계보로부터 시작하여 아담의 계보, 노아의 계보, 셈의 계보, 데라(아브라함의 아버지)의 계보, 이스마엘의 계보, 이삭의 계보, 에서의 계보, 야곱의 계보 등등 계보들로 이어진 책이 「창세기」이다.

이러한 계보는 성서 전체에 걸쳐 도도한 강줄기처럼 흐르고 있다. 신약 「마태복음」도 '아브라함과 다윗의 자손 예수 그리스도의 계보'로 시작된다. 계보들은 성(性)을 매개로 하지 않으면 연속될 수 없다.

"이것은 아담의 계보를 적은 책이니라"로 시작되는 「창세기」 5장을 보면 아담이 130세에 자기 모양 곧 자기 형상과 같은 아들을 낳아 이름을 셋이라 하고, 그 이후 800년을 지내며 자녀를 낳았다고 한다. 아담의 수명은 930세나 된다. 130세에 셋을 낳았으니 아담은 130세까지 성생활이 왕성했다는 말이 된다. 그 이후 800년 동안에도 일정 기간은 성생활이 가능했으니 자녀들을 계속 출산할 수 있었다. "아담은 셋을 낳은 후 팔백 년을 지내며 자녀들을 낳았으며"(창 5:4) 이브가 아담의 배필로 천년해로를 했다면 이브가 낳은 자녀 수는 얼마나 될까. 산아제한도 없던 그 시대에 적어도 수백 명은 낳았으리라. 한 여자의 몸에서 수백 명이 태어났다는 것은 참으로 그로테스크한 일이다.

그 다음 셋은 105세에 에노스를 낳고, 그 이후에도 807년을 지내며 자녀들을 낳았다. 그와 같이 수백 년 동안 성생활이 가능했던 사람들의 족보가 이어지다가 노아에 이르러 더 엄청난 사실이 드러난다. "노아가 오백 세 된 후에 셈과 함과 야벳을 낳았더라"(창 5:32) 노아는 적어도 오백 세가 넘도록 왕성한 성생활이 가능했다는 말이다. 물론 그 이후 수백 년 동안에도 성생활이 가능했다. 노아는 950세에 죽었다.

한 사람이 800년, 900년을 살며 성생활을 이어 갔으니 그들로부터 인류가 엄청나게 번성하였음은 틀림없는 사실이다. 그래서 아담의 족보가 마무리된 그 다음 "사람이 땅 위에 번성하기 시작할 때에"(창 6:1)라는 구절이 나온다. 사람이 땅 위에 번성하면서 성윤리 타락이 심해졌다. 하나님의 아들들이 사람의 딸들의 아름다움을 보고 자기들이 좋아하는 모든 자로 아내를 삼았는데 거기서 태어난 족속이 고대의 영웅 네피림이었다고한다. 하나님의 아들들이 어떠한 부류인가에 대해 설들이 나뉜다. 타락한 천사들이라는 설도 있고 셋의 후예들이라는 설도 있다.

여호와는 우주와 지상의 성윤리 타락 현상을 보고 "나의 영이 영원히 사람과 함께 하지 아니하리니"(창 6:3)라고 하면서 사람의 수명이 120년으로 줄어들 것을 선언한다.

그런데 이 선언은 노아 홍수 이후 300년이 지나고 나서 아브라함 대에 이르러 비로소 시행된다. 노아의 후예들도 보통 400년 이상씩 살고 아브라함의 아버지 데라도 205세까지 향수한다. 노아의 아들 셈은 수명이 무려 600년이나 되어 아브라함이 태어났을 때도 여전히 살아 있었다. 심지어 아브라함이 죽고 그의 아들 이삭이 활동할 때도 셈은 아직 살아 있게 된다.

아담의 족보 중 969세의 수명을 누려 가장 오래 산 므두셀라는 『70인역 성서』에 의하면 노아 홍수 이후에도 14년을 더 산 것으로 나와, 노아와 그 세 아들 셈, 함, 야벳으로부터 새로운 인류가 퍼지기 시작했다는 기록을 무색하게 한다. 다른 사본에서는 므두셀라가 노아 홍수가 일어난 바로 그해에 죽은 것으로 기록하고 있다. 홍수가 2월에 일어났으므로 므두셀라가 병으로 2월이 되기 전에 죽었어야 한다. 그렇지 않으면 세상에서 가장 오래 장수한 영예로운 조상이 홍수 물에 빠져 죽는 불상사가 벌어지게 되니까.

여기서 아담의 후예 중 아브라함 이전 사람들이 과연 그렇게 수백 년, 심지어는 900년 이상을 살았을까 하는 의문이 생기게 된다. 아담이 930세까지 살았다면, "선악을 알게 하는 나무의 열매를 먹는 날에는 반드시 죽으리라"(창 2:17)고 한 여호와의 선언이 900여 년이 지난 후에야 시행된 셈이다. 천 년 만에 시행된 사형 선고가 과연 어떤 의미가 있을까.

어떤 사람들은 아담이 죄를 지은 지 얼마 되지 않고, 에덴에서 먹은 생명나무 열매의 효험도 아직 있고, 대기 오염이나 환경 오염 같은 것도 없었으므로 아담과 그의 초기 후손들은 그렇게 긴 수명을 누리며 수백 년 성생활이 가능한 건강을 유지했을 거라고 주장한다. 그러다가 인간들이 점점 타락하고 지구가 오염됨으로써 수명이 짧아지고 성생활도 빨리 종료되고 말았다는 것이다.

어떤 신학자들은 계보 중에 빠진 사람들의 생존 연수까지 합해졌기 때문에 그런 식으로 수명이 수백 년씩 길어졌다고도 하고, 아담이니 셋이니 하는 이름이 개인의 이름이 아닌 왕조의 이름이라고 해석하기도 한다.

그중에서 가장 설득력 있는 주장은 흔히 '년, 해, 세'라고 번역해 놓은 히브리어 '싸네'가 그 당시에는 과연 어떤 기간을 뜻했을까 하는 차원에서 접근하는 학설이다. 근동의 다른 신화들과 비교하여 싸네의 의미를 연구한 라스케(Raske) 같은 신학자는 싸네가 석 달이나 한 달 정도의 기간을 의미하는 것으로 보고 있다.

성서에 기록된 숫자를 그대로 믿든, 다른 식으로 해석해서 받아들이든 숫자 그 자체는 큰 의미가 없는 셈이다. 그 계보는 연대기라기보다 구속사(救贖史)의 맥락을 보여주고 있는 기록이기 때문이다. 그 계보를 연대기로 보고 숫자 계산을 하다 보니 지구의 나이가 6천 년밖에 안 되었다는 무리한 주장이 나오기도 한다. 그렇게 계산하면 우리 민족의 조상 단군과 아담이 동시대에 살고 있었던 것이 된다.

환경 오염이 심각해지면서 남녀의 성생활 수명이 짧아지는 요즈음, 창세기 5장에 기록된 수백 년 성생활이 숫자 해석 문제를 떠나서 여전히 부러운 것만은 틀림없는 사실이다. 그런 부러움이 비아그라 같은 약들을 생산하게 하고 또 널리 팔리게 하는지 모른다.

물론 요즈음도 술과 담배를 멀리하고, 타락한 생활을 하지 않고, 맑은 공기를 마시고, 몸에 좋은 음식들만 골라 먹으며 긍정적인 생활 습관을 길러 스트레스를 덜 받으면 오래 장수하면서 칠팔십 세가 넘도록 성생활이 가능한 건강을 유지할 수 있다. 40-50대에 벌써부터 발기부전 같은 성생활의 쇠락을 겪는 것은 환경 오염 등에도 원인이 있겠지만 건강을 상하게 하는 생활 습관들을 키워 왔기 때문이기도 하다.

그래서 어떤 목사는 수백 년 성생활이 가능했던 인류 초기의 조상을 본받아 우리도 하나님을 잘 섬기면 오래오래 즐거운 성생활을 누릴 수 있다고 설교하기도 한다.

여러 논란 끝에 70대 노인들의 성문제를 다룬 영화 〈죽어도 좋아〉(박진표 감독)가 결국 무삭제 필름으로 개봉되었다. 칠순의 박치규가 역시 그 나이 또래인 이순예를 공원에서 우연히 만나 첫눈에 반하게 된다. 이순예는 보따리를 싸 들고 박치규 집으로 들어오고, 두 사람은 정화수 한 그릇을 떠 놓고 둘이서만 결혼식을 올린다.

그 이후 누추한 공간이긴 하지만 두 노인들의 뜨거운(?) 성행위가 펼쳐진다. 성의 기쁨과 쾌락을 맛보다가 죽어도 좋다는 의미가 영화 제목 속에 담겨 있다. 그야말로 조르주 바타유가 말한 대로 '죽음까지 파고드는 삶'으로서의 에로티즘이다. 환경이 좋아지고 모두 건강을 잘 유지하여 수백 년 성생활은 아니더라도 영화처럼 70대 성생활이 가능했으면 좋겠다. 하긴 80대, 90대의 '죽어도 좋아'가 나오지 말라는 법도 없다.

04

노아의 수치심은
타락의 결과?

홍수가 40일 동안 있었고, 아라랏 산을 비롯한 모든 산이 물에 잠겼으며, 노아의 가족들과 각종 생물 한 쌍이 들어가 있는 방주만 물 위에 떠다녔다. 코로 숨을 쉬는 육지의 생물은 모두 죽었다. 그렇게 홍수 물이 150일 동안 세상을 가득 덮고 있었다. 그 이후 물이 차츰 빠져 아라랏 산에 방주가 머물렀다. 땅이 마르기까지 기다렸다가 노아의 가족과 각종 생물이 마침내 방주에서 나왔다.

홍수가 노아 나이 600세 되는 해 2월 17일에 시작되었고, 601세 되는 해 2월 27일에 방주에서 나왔으니 1년여 동안 노아의 가족이 방주에 있은 셈이다. 노아 부부와 셈, 함, 야벳 세 아들 부부가 각종 생물과 함께 방주에서 나오자 여호와가 천지 창조 시에 베풀었던 축복을 다시 선포했다. "생육하고 번성하여 땅에 충만하라"(창 9:1)

성(性)을 매개로 하여 땅에서 번성했던 생물들이 방주의 생물들 이외에 다 죽고 이제 새로운 번성의 역사가 시작되었다. 다시 말해 새로운 성의 시대가 열리게 되었다. 새로운 성의 시대에 대한 보증이 바로 무지개이고, 무지개는 태양과 물이 교접한 결과물이다.

그런데 여기서 의문이 또 하나 생긴다. 노아가 500세 된 후에 셈, 함, 야벳을 낳았다고 했는데 그렇다면 100세 가까이 된 셈, 함, 야벳 부부 사이에 자식들이 있지 않았겠느냐는 것이다. 그 자식들, 그러니까 노아에게 손자 손녀가 되는 그들은 타락한 상태에 있었기 때문에 다른 지상의 생물들과 함께 홍수 물에 빠져 죽은 것일까. 성서는 이에 대해서는 언급이 없다. 다만 셈, 함, 야벳 부부가 홍수 후에 아들들을 낳기 시작했다고 기록하고 있다. 셈이 스물여섯 종족을 이루고 함이 서른 종족, 야벳이 열네 종족을 이루어 다시금 인류는 번성해 나갔다.

노아는 홍수 후에 농업을 시작하면서 포도나무를 심었다. 그런데 노아가 포도주를 마시고 취하여 장막 안에서 벌거벗은 채 쓰러져 있는 일이 발생했다. 기독교에서 중요시하는 '포도주'라는 단어가 노아의 그 사건에서 처음으로 등장한다.

성서의 기록에 의하면, 노아가 포도주 제조법을 처음 개발한 셈이 된다. 노아는 포도주의 아버지이다. 노아는 포도 열매가 술이 된다는 사실을 처음에는 잘 몰랐을 것이다. 그러던 어느 날 구덩이 같은 곳에 포도 열매들이 썩어 벌건 즙이 되어 있는 것을 발견하고 마셔 본다. 맛이 시기도 하고 달콤하기도 하고 기분이 좋아진다. 노아는 포도 열매를 가지고 이리저리 실험을 해 본다. 드디어 포도 열매를 숙성시켜 포도주가 우러나는 법을 터득한다.

이렇게 포도주 실험을 하던 노아는 자기도 모르게 포도주를 많이 마서 인사불성이 되어 벌거벗었는지도 모른다. 또는 포도주를 즐겨 마시다가 음주량이 늘어나면서 알코올 중독이 되었을 수도 있다. 포도주에 취한 노아의 뇌리에는 홍수에 떠내려가며 죽어 가던 친지와 마을 사람들의 모습이 악몽처럼 어른거려 포도주를 더 마시게 되었을지도 모른다.

술에 취하면 수치심을 잘 모르게 된다. 특히 성적 수치심이 현저하게 약화된다. 성추행이니 성폭행이니 간통이니 하는 성범죄들도 대개 술에 취했을 때 일어난다. 노아도 술에 취하지 않은 평소에는 엄격하고 복장도 단정하였을 것이다. 그런데 술에 취하자 사람이 달라졌다. 거추장스런 옷들을 홀렁홀렁 벗고 하체를 드러낸 채 세상모르고 잠을 자고 있었다.

그때 함이 장막 안으로 들어와 아버지가 벌거벗고 있는 모습을 보았다. 그냥 흘끗 본 것이 아니라 구경거리라도 생긴 듯 자세히 들여다본 모양이다. 은밀한 부분이 다 드러난 아버지의 하체를 요모조모 살펴보며 쿡쿡 웃었을 수도 있다. 함이 웃음을 참으며 장막 밖으로 나와 셈과 야벳에게 아버지의 형색을 알렸다.

그러나 셈과 야벳은 함과는 다른 반응을 보였다. 둘은 옷을 챙겨서 어깨에 걸치고 뒷걸음을 쳐 장막 안으로 들어가 그 옷으로 아버지의 하체를 덮었다. 둘은 아버지에게서 얼굴을 돌린 채 그 자세 그대로 앞으로 나가 다시 장막에서 나왔다.

노아가 술이 깨어 자초지종을 알고 함을 저주하고 셈과 야벳은 축복했다. 함의 자손들이 그 형제들의 종들의 종이 되기를 원한다고까지 선언한 것으로 보아 노아도 자신이 벌거벗고 있었던 사실이 부끄럽고 수치스럽게 여겨졌음이 틀림없다. 아버지의 수치를 가려주기는커녕 오히려 구경거리 내지는 조롱거리로 삼은 함은 어려운 홍수를 다 견디어 내고도 그만 아버지로부터 저주를 받고 말았다.

하체를 뜻하는 히브리어 '에르와'는 원래 '벌거벗기다, 드러내다'라는 뜻과 함께 '수치'라는 뜻도 있다. 특히 여성의 외음부(pudenda)를 가리키는 말로 에르와가 많이 사용된다. 그러니까 에르와라는 한 단어에 '하체가 드러나는 것은 수치이다' 하는 뜻이 다 들어 있는 셈이다. 그런데 에덴에서는 에르와 상태가 결코 에르와가 되지 않았다. 성서에 의하면 벌거벗은 것을 수치로 알고 가리기 시작한 것도 타락의 결과이다.

술에 취해 벌거벗는 것도 수치로 여기지 않는 현상은 에덴으로 돌아가고 싶은 무의식의 발로라고도 할 수 있다. 벌거벗고도 부끄러워하지 않는 상태가 '에덴'이라고 하면서 막상 그 에덴으로 돌아가려고 하면 여러 가지 사회적 금기가 작용한다. 그런 모순이 타락의 징표인 셈이다.

왜 인류는 종족을 불문하고 하체, 특히 성기를 가려야 한다는 금기를 따르는 것일까? 어째서 성기와 관련된 말들을 사용하는 것을 꺼리는 것일까? 인류학자들은 미개한 종족들이 생식기를 가리는 관습을 연구하여 분석함으로써 그 원인을 찾아보려 했다. 독일의 사회학자 엘리아스(Norbert Elias)는 미개 종족이 자신들의 생식기를 가리는 것은 수치심 때문에 그러는 것이 아니라 신성의 상징을 강조하기 위함이며 마법의 영향력으로부터 보호하기 위함이라고 했다. 특히 여성의 경우는 악령이 음부의 구멍으로 들어가지 않도록 생식기를 가린다는 것이다.

여기에 대해 독일 민속학자 한스 페터 뒤르(Hans Peter Duerr)는 엘리아스의 이론을 정면으로 반박했다. 결국 인간은 마음에 내재되어 있는 수치심 때문에 자신의 생식기를 가린다고 하면서 실례들을 미개 종족의 각종 관습에서 찾고 있다.

완전 나체로 생활하는 뉴기니 북부 쿼마족 같은 종족의 경우에도 여자들은 함부로 다리를 벌려서도 안 되고, 음부가 잘 보이지 않도록 허벅지를 꼭 붙이고 다녀야 하며, 길쭉한 짐으로 등을 덮지 않은 상태에서는 몸을 앞으로 숙여서는 안 된다고 교육을 받는다. 남자들은 여성의 음부를 멍하니 쳐다보고 있어서는 안 된다.

남자가 그런 시선을 던지고 있는데도 여자가 몸을 돌리지 않고 가만히 있으면 논다니로 취급당한다. 앙골라 서북부에 사는 수쿠족은 여자가 부주의한 가운데 자신의 음부를 남자에게 보이게 되면 남자가 "우템봉기!"라고 외친다. 그 말은 "나는 너와 잤어!"라는 뜻이다.

노아 역시 자신의 생식기가 드러난 사실을 수치로 여기고 그것을 가려 주지 않은 함을 저주했다. 아버지의 수치를 가려 주지 않는 예의 없는 아들들에게 경종을 울리는 대목이다.

ADDITION

수치심

　수치심은 노출하고 싶은 내면이 외부 또는 초자아에 의해 거절당할지 모른다는 정서적 신호이며 불안감과 유사하다. 독일의 철학자 막스 셸러(Max Scheler)는 수치심을 존재와 당위의 틈에서 느끼는 감정이라 정의하며, 수치심이 자아를 불안하게 하고 타인의 시선에 잠식되는 결과를 낳게 된다고 했다.

　성적 수치심이란 남녀 간의 육체적 관계나 남성·여성의 육체적 특징과 관련하여 수치를 느끼는 것을 말한다. 이를테면 섹슈얼리티가 반영된 수치심이라 할 것이다. 철학자 미카 힐거스(Micha Hilgers)는 인류 최초의 성적 수치심을 아담과 하와를 통해 설명한다. 에덴에서 벌거벗은 채 전혀 부끄럽지 않았던 그들은 선악과를 따 먹은 후 선악의 구분과 함께 세계의 경계를 구별하게 되면서 벌거벗은 몸에 대해 부끄러움을 느낀다. 자신들의 벗은 몸을 바라보는 여호와의 시선을 철저히 자신들과 구분된 타인의 시선으로 인식한 것이다.

　흔히 성적 수치심은 성폭력과 같은 범죄와 연루된 상황에서 발생한다고 오해하기 쉽다. 하지만 사회적, 심리적 요인에 의해 발생하는 자연스러운 것이며 여성만이 느끼는 감정이 아닌 전 인류와 세대, 종교관까지 수용하는 폭넓은 담론 안에 자리잡고 있음을 인식할 필요가 있다.

『정신분석용어사전』(미국정신분석학회, 이재훈 옮김, 한국심리치료연구소) 참조, 편집부 정리

PART 2

족장 시대 ❶

우리가 그들을 상관하리라

롯을 부르고 그에게 이르되 오늘 밤에 네게 온 사람들이
어디 있느냐 이끌어 내라 우리가 그들을 상관하리라
창세기 19장 5절

05

아리따운 여인은
황홀한 위험이다

아리따운 여인을 아내로 삼고 있는 것이 남자에게 극히 위험한 시대
가 있었다. 아니, 사회 계약에 의하여 법체계가 정교하게 잘 짜여 있는 현
대에도 마찬가지라 할 수 있다. 아리따운 여인을 아내로 두었다가 인생이
비극으로 치달은 남자들의 사례를 얼마든지 들 수 있다. 미인박명이 아니
라 미인부박명(美人夫薄命)인 셈이다. 아리따운 여인은 황홀한 위험이다.

유대인들이 믿음의 조상으로 떠받들고 있는 아브라함도 참으로 아리
따운 여인 사라를 아내로 삼고 있었다. 그들 부부의 원래 이름은 아브람
과 사래였다. 한 가정의 아버지요 어머니라는 뜻인 그들의 이름이 세상
만방의 아버지요 어머니라는 뜻인 아브라함과 사라로 바뀌기까지 그들
은 파란만장한 인생 역정을 겪었다.

본토와 일가친척을 떠나는 이별의 아픔도 겪고, 이방 땅에서 가뭄으
로 생활고도 겪고, 전쟁도 겪고, 자식이 없는 서러움도 겪었다. 그런 어려
움들 중에서도 그들이 가장 가슴 아팠던 사건은 부부의 생이별이었을 것

이다. 그것도 다른 남자가 사라를 아내로 취함으로써 겪게 된 생이별이었다. 그들 부부 중 누가 더 마음이 아팠을까.

아브라함은 큰 축복의 약속에 의지하여 갈대아 우르를 떠나 여호와께서 지시하는 땅 가나안으로 들어갔다. 그러나 축복은커녕 가뭄으로 말미암아 굶어 죽을 판이었다. 아브라함은 식솔들을 이끌고 남쪽 애굽으로 내려갔다. 나일강이 흐르는 애굽은 그 당시 풍요와 번영의 상징이었다.

애굽에 가까이 이르자 아브라함 마음 가운데 불안이 싹트기 시작했다. 애굽 남자들이 사라의 미모를 보고 반하여 자신을 죽이고 사라를 빼앗아 가지 않을까 하는 불안이었다. 불안은 애굽 국경을 넘어서자 거의 공포로 변했다. 자신의 불안과 공포를 어떻게 아내에게 이야기하나 고민하지 않을 수 없었다.

결국 아브라함은 조심스럽게 아내에게 말을 꺼냈다. "내가 알기에 그대는 아리따운 여인이라 애굽 사람이 그대를 볼 때에 이르기를 이는 그의 아내라 하여 나는 죽이고 그대는 살리리니 원하건대 그대는 나의 누이라 하라 그러면 내가 그대로 말미암아 안전하고 내 목숨이 그대로 말미암아 보존되리라"(창 12:11-13) 사라는 그토록 비굴한 남편의 모습을 보기는 처음이었다. 하지만 남편의 목숨이 위태하다니 어쩔 수 없는 일이었다.

과연 아브라함의 일행이 애굽으로 들어서자 애굽의 도시는 사라의 미모로 인하여 술렁거렸다. 시정잡배의 입방아에 오르더니 권력가와 부호들이 사라에 대하여 침을 흘렸다. 그러나 그들도 사라를 아내로 데리고 있다가는 최고 권력가인 바로에게 목숨이 달아날지도 모르는 일이었다. 자기들이 사라를 차지하고 싶었지만 그런 두려움 때문에 사라를 바로에게 상납하기에 이르렀다.

그런데 바로가 사라를 맞아들인 후 아브라함을 후대하여 양과 소와 노비와 암수 나귀와 약대를 선물로 주었다. 바로가 그러한 선물을 사라의 오라비라고 하는 아브라함에게 혼인 예단으로 준 것일까.

성서는 바로와 사라가 부부로서 교합한 사실은 차마 기록하지 못하고 건너뛰고 있다. 아브라함이 사라 덕분에 부자가 되었다는 구절 그 다음에 "여호와께서 아브람의 아내 사래의 일로 바로와 그 집에 큰 재앙을 내리신지라"(창 12:17)는 구절이 이어진다.

바로가 사라와 교합하기 직전에 바로의 집에 재앙이 내렸다고 보기는 어려울 것 같다. 뒤에 이어지는 바로의 말에서도 알 수 있듯이 바로는 사라를 아내로 맞아들여 몸을 섞었음이 분명하다. "네가 어찌 그를 누이라 하여 내가 그를 데려다가 아내를 삼게 하였느냐?"(창 12:19)

아브라함은 바로에게 아내를 상납하고 밤마다 얼마나 마음이 괴로웠을까. 물질적으로는 풍요해지고 편안한 여건이 되긴 했지만 마음은 쑥대밭이었다. 그가 여호와를 알지 못하는 자였다면 여종의 몸을 희롱하며 학대했을지도 모르고 애굽의 매춘굴을 헤매며 괴로운 심사를 달랬을지도 모른다.

사라는 밤마다 바로의 몸을 받으면서 또 얼마나 많은 눈물을 흘렸을까. 왕후로서의 안락함과 호화로움 같은 것은 사라에게 전혀 위로가 되지 못했다. 사라가 『금병매』의 반금련처럼 교활한 여자였다면 바로에게 아브라함이 사실은 자신의 남편이라고 고백하고 아브라함을 죽이도록 한 후에 왕후로 살아갔을지도 모른다. 자기 목숨 구하겠다고 아내를 누이라고 속인 남자와 다시 살아 보았자 무슨 낙이 있겠느냐고 합리화하면서 말이다.

사라가 바로의 궁에 있는 날이 길어지면 아브라함의 가정은 그야말로 파탄에 이를 것이므로 여호와께서 급히 개입하여 바로와 그 집에 큰 재앙을 내려 사라를 다시 아브라함에게로 돌려보내도록 한다.

그런데 소돔과 고모라의 심판이 있은 연후에 아브라함이 애굽에서 저질렀던 실수를 또 되풀이한다. 그때 남방으로 이사하여 가데스와 술 사이 그랄에 거주했는데 이와 같이 남쪽으로 내려갈 때마다 그런 실수를 한다. 아브라함이 남쪽 남자들을 다른 지역 남자들보다 더 두려워한 것일까.

아브라함이 사라를 자기 누이라고 하였으므로 이번에는 그랄 왕 아비멜렉이 사라를 데려가 아내로 삼으려고 했다. 아마도 아비멜렉이 사라와 잠자리를 하려는 첫날밤이었을 것이다. 아비멜렉은 혼인 잔치에서 술을 많이 마셨는지 사라와 교합을 하기도 전에 곯아떨어진 모양이다.

그때 꿈속에 여호와께서 나타나 아비멜렉에게 무서운 경고를 했다. 사라의 몸을 범하면 죽여 버리겠다고 겁을 주었다. 아비멜렉은 아무 잘못도 없는 자를 죽이시는 법이 어디 있느냐고 항변하면서 다음날 이른 아침에 사라를 아브라함에게 돌려보냈다.

아비멜렉의 항의를 받은 아브라함의 대답이 걸작이다. "이곳에서는 하나님을 두려워함이 없으니 내 아내로 말미암아 사람들이 나를 죽일까 생각하였음이요 또 그는 정말로 나의 이복누이로서 내 아내가 되었음이니라"(창 20:11-12) 아내를 누이라고 한 것은 속이기 위한 거짓말이 아니라는 말이다. 왜냐하면 사라는 아내이면서 이복누이이기 때문이다.

아리따운 여인을 아내로 둔 자가 낯선 땅으로 들어갈 때 본능적으로 위험을 감지하고 살길을 찾았다는 것은 그 시대가 얼마나 험악했는지 말해 준다. 그런 시대에서는 가장 권력이 센 자가 가장 아리따운 여인을 아내로 삼았음은 말할 필요가 없다.

요즘 시대는 아리따운 여자를 아내로 둔 남자를 공공연히 죽이지는 않지만 여전히 정치권력과 자본권력을 지닌 자들이 아리따운 여인을 차지하려는 경향이 있음은 부인할 수 없다. 그런 와중에 삼각관계에 빠져 좌절한 남자들은 실제로 폐인이 되어 죽기도 하니 지금도 아브라함의 불안과 두려움을 느끼는 남자들이 많은 셈이다.

06

여자와 하듯 남자와
동침하지 말라?

동성애자를 영어로 '호모섹슈얼(homosexual)'이라 하고 그중에서도 남성 동성애자, 즉 남색자를 '소도마이트(sodomite)'라고 한다. 소도마이트는 원래 문자 그대로 소돔 사람들이라는 뜻이다. 그런데 왜 소돔 사람들이라는 말이 남색자를 의미하는 단어로 바뀌었을까. 그것은 소돔과 고모라가 멸망하기 직전에 소돔 사람들이 남색을 즐겼던 증거가 성서에 남아 있기 때문이다.

아브라함이 갈대아 우르 본토 아비 집을 떠날 때 조카 롯도 함께 데리고 나왔다. 아브라함과 롯이 차츰 재산이 많아지자 요즈음도 그렇듯이 집안싸움이 일어났다. 아브라함은 집안의 화합을 위하여 롯에게 땅에 대한 선택권을 먼저 주어 자기를 떠나가도록 했다. 롯은 소돔 쪽을 택하고 그곳으로 가서 기거했다.

소돔 지역에 전쟁이 일어나 롯이 포로로 잡혀갔을 때 아브라함은 군사를 동원하여 롯을 구해 주기도 했다. 소돔 왕은 아브라함에게 감사의 표시를 하려고 했으나 그가 일체의 선물을 거부했다. 소돔 지역이 얼마나 부패하고 더러운 죄악에 빠져 있는가를 잘 알았기 때문이었다. 소돔의 죄악이 어떠했는지가 성서에 구체적으로 자세히 나와 있지는 않다. 다만 한 가지 사건을 통하여 유추해 볼 수 있을 뿐이다.

아브라함에게 남자의 모습으로 나타난 천사 세 명이 소돔과 고모라의 멸망이 임박했음을 알려 주고 그중 두 명이 롯을 구해 주기 위해 날이 저물 무렵 소돔으로 들어갔다. 롯이 그들을 맞아 손님 내접을 하고 있는데 소돔 사람들이 롯의 집을 에워싸고는 손님들을 내어놓으라고 시위했다. "오늘 밤에 네게 온 사람이 어디 있느냐 이끌어 내라 우리가 그들을 상관하리라"(창 19:5)

'상관하리라'에 해당하는 히브리어 '야다'는 원래는 '알다, 깨닫다'는 뜻이지만 남녀 교합을 의미하는 데 자주 사용된다. '아담이 그의 아내 하와와 동침하매' 할 때의 동침에 해당하는 히브리어도 야다이다.

교합은 상대방을 끝까지 알아보기 위한 추구의 결과일 수도 있다. 하지만 교합을 한다고 해서 상대방을 더 잘 알게 되는 것은 아니다. 단순히 욕망을 채우기 위한 교합일 때는 더욱 그러하다.

롯의 집으로 들어온 손님들은 사실 천사들이었기에 외모가 곱고 수려하여 남색자들이 탐할 만했을 것이다. 소돔 남자들은 손님들을 집단 윤간이라도 할 듯이 위협했다. 그때 롯은 손님들을 다치지 않게 하려고 자기 딸들을 내어놓겠다고 제안했다. 롯은 소돔 사람들에게 동성애로 쾌락을 맛보려 하지 말고 이성애로 바꾸라고 제안한 셈이다.

손님들을 보호하기 위해 딸들을 내어놓겠다고 하는 롯을 어떻게 이해해야 할까. 딸들의 입장에서는 아버지 롯이 원망스러울 수 있다. 어쩌면 롯은 자기 딸들을 소돔 사람들에게 성의 노리개로 내어놓으려고 한 것이 아니라 일종의 미인계를 써서 그들의 마음을 잠시 달래 보려 했는지도 모른다.

그러나 롯의 손님들을 탐하는 소돔 사람들은 롯의 제안을 받아들이지 않고 집안으로까지 쳐들어오려고 했다. 그때 손님으로 가장하고 있던 천사들이 소돔 사람들의 눈을 멀게 하여 문을 찾지 못하게 했다. 그다음 날 아침에 소돔과 고모라는 유황불로 멸망했다. 성윤리 타락을 비롯한 온갖 죄악에 대한 여호와의 심판이었다.

그 이후로 소돔은 고모라와 더불어 죄악의 도시를 상징하는 이름이 되고 말았다. 특히 남색자들의 도시라는 수치를 안게 되었다. 그리하여 남색을 소도미(sodomy)라 하고, 남색자는 소도마이트라고 불리게 되었다.

사디즘(sadism)이라는 말이 나오게 한 사드 후작(Marquis de Sade)의 소설 『소돔의 120일』을 보면 그야말로 온갖 동성애와 남색의 양태들이 구역질이 날 정도로 노골적으로 그려져 있다. 사드 후작이 노린 것은 바로 독자들의 구역질인지도 모른다. 우리가 얼마나 구역질 나는 세상에 살고 있는가를 간접 체험을 통해서나마 맛보라는 것이다.

성서 또한 구역질 나는 세상을 예리하게 통찰하고 있다. 인간이 동물과도 교합을 할 수 있다는 사실을 알고 「레위기」에서는 거기에 관한 규정까지도 마련해 놓고 있다. "너는 짐승과 교합하여 자기를 더럽히지 말며 여자가 된 자는 짐승 앞에서 서서 그것과 교접하지 말라 이는 문란한 일이니라"(레 18:23) 이런 수간(獸姦) 관습에 대해서는 나중에 좀 더 언급하게 될 것이다.

성서는 남자가 남자와 교합하려 한다는 사실을 잘 알고 거기에 관한 규정도 마련해 놓았다. "너는 여자와 동침함 같이 남자와 동침하지 말라 이는 가증한 일이니라"(레 18:22), "누구든지 여인과 동침하듯 남자와 동침하면 둘 다 가증한 일을 행함인즉 반드시 죽일지니 자기의 피가 자기에게로 돌아가리라"(레 20:13)

그런데 「레위기」를 비롯한 구약 율법에는 여자의 동성애에 관한 언급은 찾아볼 수 없다. 원래 율법이라고 하는 것은 이스라엘 남자들을 대상으로 주어졌기에 남색에 관한 규정만 있다고 볼 수도 있지만 여자의 동성애는 희박한 일이라는 인식이 깔려 있었다고도 볼 수 있다.

현대에 이르러서도 『킨제이 보고서』가 나오기 전까지만 해도 여자의 동성애는 거의 존재하지 않는다는 고정관념들을 가지고 있었다. 그러나 킨제이(Alfred Charles Kinsey)는 여성 피실험자 중 20퍼센트가 한 번쯤은 동성애 경험이 있으며, 그중 13퍼센트는 오르가슴에까지 이르렀고 2퍼센트는 자기 자신을 레즈비언이라고 생각하고 있다는 충격적인 사실을 발표했다.

그런데 킨제이보다 2천 년 앞서 여성의 동성애에 대해 심각하게 언급한 사람이 있었으니 바로 바울이라는 사도이다. 그는 로마에 있는 신자들에게 편지를 쓰면서 로마의 타락상을 염두에 두고 동성애에 대해 언급했다. "이 때문에 하나님께서 그들을 부끄러운 욕심에 내버려 두셨으니 곧 그들의 여자들도 순리대로 쓸 것을 바꾸어 역리로 쓰며 그와 같이 남자들도 순리대로 여인 쓰기를 버리고 서로 향하여 음욕이 불 일듯 하매 남자가 남자로 더불어 부끄러운 일을 행하여 그들의 그릇됨에 상당한 보응을 그들 자신이 받았느니라"(롬 1:26-27)

이와 같이 성서에서 엄격하게 금하고 있는 동성애에 관하여, 요즈음 새로운 각도에서 접근하려는 움직임들이 일반 학계나 신학계에서 일어나고 있다. 무조건 정죄하고 경원시하기보다 근본 원인을 찾아보고 해결책에 관한 논의도 해 보자는 것이다.

여기에 대한 접근은 크게 두 가지로 나눌 수 있는데, 하나는 해부학적 내지는 생물학적(생화학적)인 입장에서의 접근이요 또 하나는 정신분석학적인 입장에서의 접근이다. 동성애가 과연 치료의 대상인가에 관한 논란도 끊임없이 일어나고 있다. 네덜란드에서는 동성애 부부를 정식 부부로 인정하는 법이 통과되기도 했다. 세계적인 해부학자 엘리스 드레거(Alice Dreger)는 해부학적인 관점에서 보면 100퍼센트 남자 100퍼센트 여자는 있을 수 없고, 어느 정도 남자인가 어느 정도 여자인가 말할 수만 있다고 했다.

사회에서 동성애라고 판단하는 그것이 엄밀한 의미에서 동성애가 아닐 수 있다는 것이다. A와 B가 겉으로는 동성이라 하더라도 A의 남성성이 B의 여성성에게 끌리거나 A의 여성성이 B의 남성성에게 끌리는 것이므로 어디까지나 남성성과 여성성의 결합이지 같은 성끼리의 결합은 아니라는 말이다.

벨(A. P. Bell) 같은 학자는 동성애 연구에 대하여 모라토리움(moratorium)을 선포해야 한다고 주장했다. 다시 말해 아직까지는 동성애에 관하여 섣불리 결론을 내리지 말고 동성애 경험의 본질에 관하여 더욱 폭넓은 탐구와 연구를 한 연후에 그때 가서 이야기하자는 것이다. 동성애에 관한 연구는 연구자 자신의 태도(가치관, 신앙 등)가 오히려 연구의 본질을 왜곡시킬 위험성이 있기 때문에 특별한 주의가 필요하다는 취지이다.

바울도 동성애자를 무조건 정죄했다기보다 '상당한 보응'을 스스로 받고 있는 그들이 안타깝고 안쓰러워 하나님의 사랑을 덧입기를 바라는 마음에서 그런 경고를 했을 것이다.

소돔

팔레스티나 사해 골짜기의 다섯 도시 중 대표 도시, 지금은 수몰 지역이다. 소돔은 성적 문란과 부패, 도덕적 타락과 사악의 상징이며 그런 자들을 소도마이트라고 부른다. 그곳에서 아브라함의 조카 롯이 살았고(창 13:1-13), 무법한 자들의 음란한 행실(벤후 2:6-8)로 물든 고모라와 함께 유황불 심판으로 멸망한 소돔에서 롯은 홀로 구원받는다.

런던 내셔널갤러리가 소장하고 있는 귀도 레니(Guido Reni, 1575-1642)의 프레스코 작품 「소돔을 떠나는 롯과 그의 딸들」을 보면, 음란한 소돔을 탈출하는 세 사람의 표정이 느긋하여 사전 지식이 없는 관람객을 놀라게 하기도 한다.

소돔과 고모라에 대한 고고학적인 탐사는 1883년에 발견돼 1992년에 발굴을 끝낸 '성 롯의 수도원'으로 마무리된다. 이미 1884년, 서기 6세기 마다바의 모자이크 지도에서 그 존재가 드러난 바 있던 수도원 실체를 확인하게 된 것이다. 롯이 두 딸과 동침했다는 굴을 중심으로 바닥이 모자이크로 장식된 기념교회이며 서기 8세기 이후 폐허가 된 것으로 추정한다.

기원후 79년 파괴된 도시 폼페이를 발굴했을 때, 벽에 'SODOMA GOMORRA'라고 새겨진 글자들이 발견되기도 했고, 수백 년 동안 동성애 금지법의 명칭은 '소돔법(sodomy law)'이라고 불렸다.

국민일보 〈인류 역사를 바꾼 성경의 여인들〉, 매경이코노미 2017호 참조, 편집부 정리

07

왜 수치스런 사실까지
기록했는가

관객의 호응을 크게 얻었던 영화 〈올드보이〉(박찬욱 감독)에 대해 기독 교계에서 논란이 심했던 적이 있다. 기독교 신앙을 표방하는 어느 일간지는 '한국 영화 막간다. 사회 가치관 붕괴 위기'라는 제하의 기사를 일면 톱으로 싣는 파격적인 편집을 시도하기도 했다. 근친상간의 소재를 버젓이 영화에서 다룬 문제점을 신랄하게 지적했다.

그러나 그 영화에서는 빠져나갈 구멍들을 교묘하게 장치해 둠으로써 단정적으로 판단하거나 함부로 정죄하지 못하도록 해 놓았다. 최면술과 복수극이라는 장치가 바로 그것이다. 근친상간을 저지른 당사자들이 고의적인 범죄자들이 아니라 오히려 처절하게 복수를 당한 피해자라는 아이러니 앞에서 관객들은 한동안 판단유보 상태로 떨어지고 만다.

그런데 가장 자극적인 근친상간이 기독교 경전인 성서에 기록되어 있으니 이보다 더 큰 아이러니가 없다. 〈올드보이〉의 근친상간자들은 최면술에 걸려 복수극의 희생양으로 그런 행위를 하게 되는 반면, 성서의 근친상간자들은 한쪽에서 적극적인 고의성을 띠고 있다.

롯과 아내, 두 딸이 간신히 소돔을 빠져나왔으나 롯의 아내는 뒤를 돌아보지 말라는 천사의 말을 듣지 않고 돌아보는 바람에 소금 기둥이 되고 말았다. 롯은 간신히 소알이라는 곳으로 피하였으나 거기에도 유황불이 내리면 어쩌나 하고 두려워한 나머지 두 딸과 함께 소알에서 나와 산으로 올라가 동굴 속으로 들어갔다.

딸들은 소돔과 고모라가 유황불에 멸망하는 것을 보고 아버지를 통해서라도 자손을 이어야 한다는 해괴한 생각을 하게 된다. 먼저 큰딸이 작은딸에게 제안했다.

"우리 아버지는 늙으셨고 온 세상의 도리를 따라 우리의 배필이 될 사람이 이 땅에는 없으니 우리가 우리 아버지에게 술을 마시게 하고 동침하여 우리 아버지로 말미암아 후손을 이어 가자"(창 19:31-32)

늙은 아버지마저 빨리 돌아가시면 후손을 이어 나가지 못할 것이니 하루라도 속히 일을 감행하자는 말이다. 그리하여 바로 그날 밤에 딸들이 아버지 롯에게 술을 마시게 하고는 큰딸이 먼저 들어가서 아버지와 동침했다. 그러나 롯은 술에 취하여 큰딸이 눕고 일어나는 것을 알지 못했다.

다음 날 이번에는 큰딸이 작은딸에게 아버지와 동침하도록 권유했다. "어제 밤에는 내가 우리 아버지와 동침하였으니 오늘 밤에도 우리가 아버지에게 술을 마시게 하고 네가 들어가 동침하고 우리가 아버지로 말미암아 후손을 이어 가자"(창 19:34)

그날 밤에도 딸들이 아버지 롯에게 술을 마시게 하고 작은딸이 들어가 아버지와 동침했다. 이번에도 롯은 술에 만취하여 작은딸이 눕고 일어나는 것을 알지 못했다.

여기서 일단 롯은 근친상간의 책임에서 벗어날 여지가 있는 셈이다. 딸들의 음모에 휘말려 들었고 술에 취하여 자기의 의지대로는 아무것도 할 수 없는 상태였다고 변명할 수 있다. 또한 딸들도 전혀 빠져나갈 구멍이 없는 것도 아니다. 자신들의 정욕을 채우기 위해서 그런 것도 아니고 마땅한 남자가 없는 가운데 아버지를 통해서나마 후손을 잇고자 했을 뿐이라고 변명할 수도 있다.

그런데 큰딸의 말 중에서 '온 세상의 도리를 따라 우리의 배필이 될 사람이 이 땅에는 없으니'라는 문구의 뜻을 우선 따져 보는 것이 필요하다. 소돔과 고모라가 유황불에 멸망하는 것을 보고 세상 남자들이 다 죽었다고 생각한 것일까. 세상에는 아버지와 자기들만 남게 되어 노아의 가족들이 그랬듯이 인류를 퍼뜨릴 책임이 있다고 여긴 것일까.

그러나 그들이 거쳐 온 소알은 소돔이나 고모라와 달리 유황불 세례를 받지 않았다. 천사도 롯이 소알로 도망가겠다고 하자 거기로 가는 것을 허락하면서 소알은 멸하지 않겠다고 약속했다. 소알은 비록 작은 성이긴 하나 사람들이 살고 있었고, 그 사람들을 롯의 딸들도 분명히 보았을 것이다. 지금 산 위 동굴에서도 소알 성 안에서 사람들이 왔다갔다 하는 모습이 내려다보였을 것이다.

그렇다면 왜 '온 세상의 도리를 따라 우리의 배필이 될 사람이 이 땅에는 없다'고 했을까. 어떤 주석 학자는 소돔 지역의 남자들이 거의 다 남색가였기 때문에 롯의 딸들이 그런 말을 했을 거라고 하나 그것은 지나친 확대 해석이 아닌가 싶다.

롯의 딸들이 세상 남자들이 다 죽었다고 착각하지도 않았고 소돔 지역 남자들이 모두 남색가라고 단정할 수 없다면, 아버지를 통해서나마 후손을 남기자는 말이 면죄부를 안겨 주지는 못한다. 오히려 롯의 딸들이 부패할 대로 부패한 소돔 문화의 악영향으로 선악에 대한 분별력이 흐려졌다고밖에 볼 수 없다.

소돔에서는 아버지와 딸들 간의 근친상간이 공공연히 행해졌는지도 모른다. 아니면 요즈음 한국의 극소수 일부 가정에서 그렇듯이 딸을 성폭행하는 아버지들이 소돔 거리를 활보하고 다녔는지도 모른다.

그런 면에서 볼 때 영화 〈올드보이〉의 딸이 롯의 딸들보다는 훨씬 도덕적으로 우위에 있다고 할 수 있다. 사실 〈올드보이〉의 딸은 롯이 그랬듯이 나중에도 자신이 근친상간을 했는지 전혀 눈치 채지 못한다. 아버지는 그 사실을 알고 괴로워하며 혀까지 자르는데 말이다. 아버지가 혀를 자른 것은 비밀을 끝까지 지켜 내겠다는 결심의 표현이기도 하다.

그런데 과연 술에 만취된 늙은 아버지 롯과 딸들의 동침이 가능했을까 하는 문제가 남는다. 여러 가지 의문이 생기지만 롯의 딸들이 모압 족속의 조상과 암몬 족속의 조상을 낳았다고 하니 생물학적인 동침은 완벽하게 이루어졌다고 보아야 할 것이다. 이유가 어찌되었든 결국 롯은 딸들에게 일종의 성폭행을 당한 셈이다.

여성들의 남성에 대한 성폭행을 연구해 온 학자 한스 페터 뒤르에 의하면 역사적으로 그러한 사례가 넘치도록 많으며 현대에도 빈번하게 일어나고 있다고 한다.

한번은 몸집이 크고 건장한 미국 화물차 운전사가 여자들에게 제압당하여 재갈이 물린 채 알몸으로 침대에 결박되어 성폭행을 당한 사건이 있었다. 네 명의 여자가 남자를 희롱하다가 차례로 남자를 강간했다. 그 다음 상황은 한스 페터 뒤르의 저서 『음란과 폭력』에서 인용하는 것으로 대신하고자 한다.

"한 여자가 여러 번 덤벼드는 바람에 그는 두 번이나 사정을 빨리 해 버렸다. 그러다가 더 이상 발기가 되지 않자 여자들은 음낭 사이에 칼을 들이대면서, 만일 더 이상 발기하지 않으면 거세하겠다고 협박했다. 여자들은 하루 동안 밤낮을 쉬지 않고 성추행을 하고 나서야 그를 풀어 주었다. 그런 일을 당하고도 그는 절대 신고하지 않았다. 만일 그 사실이 알려지면 여자한테 강간당했다는 이유로 세상 사람들로부터 사내답지 못한 놈으로 취급받을 게 뻔했기 때문이다. 그때부터 이 남자는 다른 희생자들과 마찬가지로 성불구자 신세가 되었다."

1988년에 미군에 근무하는 남성들의 17퍼센트가 남자나 여자 동료에게 성추행을 당했다고 신고했는데 그 중에서 60퍼센트가 단독으로 또는 집단으로 여성에게 당한 경우였다고 한다. 남성이 당하는 경우는 여자가 당하는 경우보다 신고율이 더 떨어진다고 하니 실제는 통계 수치보다 훨씬 많을 것이다.

롯은 근친상간에다가 성폭행까지 당했으니 이래저래 천추의 한을 남긴 셈이다. 성서는 이런 숨기고 싶은 수치스런 사실까지도 기록하고 있으니 섬뜩한 책이기도 하다.

08

모하메드가 하필
'여자 네 명'이라고 한 이유

카를 융(Carl Gustav Jung)은 자서전에서 완전한 결혼의 형태를 찾아 아프리카 지방을 여행하며 결혼의 유형들을 연구한 기록을 남기고 있다. 융은 우간다 지역 에르곤족 가운데 남편이 부인 셋을 데리고 살면서 자기 거처를 여자 집들 중앙에 두고 있는 형태를 보고는 완전성의 원형인 사위일체(四位一體) 결혼 유형을 발견하게 된다. 무엇보다 경작지를 소유하고 스스로 농사를 지으며 그런 형태의 결혼 생활에 만족하고 있는 부인들의 모습에서 깊은 인상을 받는다.

그들의 관념으로는 남자가 여자 셋을 데리고 살아야 완전한 결혼을 한 것으로 여겨지는 모양이다. 여자의 입장에서 볼 때는 여자 세 사람이 공동으로 한 남자를 소유하고 있는 셈이다.

부인들 사이에는 독점욕이나 질투 같은 것도 없다. 일부일처제보다 부인은 남편을 덜 의식하면서 살아갈 수 있는 여유로움과 편함이 있다. 이 경우는 축첩의 풍습과 성격이 다르므로 어쩌면 여자들에게 더 유리한 결혼 형태인지도 모른다.

이슬람교에서도 모하메드가 남자들은 여자 네 명까지 부인으로 삼을 수 있다는 율법을 공포했지만, 그것은 전쟁을 자주 치르는 중에 남자들이 많이 죽고 고아와 여자들이 인구의 대다수를 차지했기 때문이다. 그런데 모하메드가 왜 하필 여자 네 명까지라고 말한 것인가. 복지정책상 그런 계산이 나왔을 수도 있지만 성서에서 그 원형을 찾았을 가능성이 더 높지 않을까.

흔히 여호와 하나님을 가리켜 아브라함과 이삭과 야곱의 하나님이라고 일컫는다. 그만큼 아브라함, 이삭, 야곱 세 사람은 이스라엘 역사에서 최고의 조상들인 셈이다. 그런데 이삭만 빼고 나머지 두 조상은 모두 일부일처제를 지키지 못했다.

아브라함은 원래 사라 한 사람만 아내로 삼고 그렇게 살아가려고 했다. 하지만 사라가 자식을 낳지 못하자 사라의 주선으로 하갈이라는 몸종을 첩으로 삼아 이스마엘을 낳았다. 그 후에 사라도 이삭을 낳으므로 이삭과 이스마엘의 갈등이 생겨 하갈과 이스마엘은 집에서 쫓겨났다. 그것이 이스라엘과 아랍 간 쟁투의 시작이었다.

야곱도 원래는 외삼촌의 둘째 딸 라헬 한 사람만을 아내로 삼고 싶었다. 외삼촌 라반의 집에서 7년간 일한 대가로 라헬을 요구했다. 그런데 야곱을 놓치기 싫은 라반은 혼인식을 치르는 밤에 큰딸 레아를 라헬처럼 분장시켜 장막으로 들여보내 첫날밤을 지내게 했다.

아침에 일어나 그 사실을 알게 된 야곱이 라반에게 항의하자 라반은 동생이 언니보다 먼저 혼인하는 법이 없다고 변명하며 라헬도 줄 테니 7

년을 더 봉사해 달라고 제안했다. 야곱은 라헬을 얻기 위하여 할 수 없이 7년을 더 봉사해 주었다. 그러니까 레아는 후불로 받고 라헬은 선불로 받은 셈이다.

야곱을 두고 동생과 언니 사이에 아들 낳기 경쟁이 치열하게 벌어졌다. 라헬은 자신의 몸종인 빌하를 야곱에게 첩으로 주어 아들들을 낳게 하고 레아 역시 자기 몸종 실바를 첩으로 주어 아들들을 낳게 했다. 네 명의 여자에게서 난 아들들을 태어난 순서대로 정리해 보면 르우벤, 시므온, 레위, 유다(레아), 단, 납달리(빌하), 갓, 아셀(실바), 잇사갈, 스불론(레아), 요셉, 베냐민(라헬)들이다.

여기서 민족 공동체의 기초인 이스라엘 열두 지파가 형성되었으니 이스라엘인의 피 속에는 여호와 신앙과 아울러 시기와 질투, 경쟁심 등이 유달리 짙게 깔려 있다고 해도 과언이 아니다. 그것이 좋은 방향으로 작용하면 창조적인 업적을 이루고 나쁜 방향으로 작용하면 파괴적인 결과를 낳을 것이다.

그런데 야곱의 기사가 실린 「창세기」에는 남자가 여러 부인과 첩을 두는 일에 대해 어떤 가치 판단도 내리고 있지 않다. 너무나 당연한 듯이 기록하고 있을 뿐이다. 아들들을 통하여 자손을 이어가야 한다는 명제에 눌려 다른 가치 판단은 끼어들 여지가 없었는지도 모른다.

성서에서는 원래 아담과 하와의 결합이 완전한 결혼의 유형으로 제시되어 있다. 신약에서 예수가 제시한 이상적인 결혼 형태도 바로 에덴의 일부일처제이다. 성서에서 일부다처제가 처음으로 나타나기 시작한 것은 노아의 자손 라멕의 결혼에서이다. 라멕이 두 아내를 취하였는데 하나의 이름은 야발이요 하나의 이름은 쌀라였다.

이스라엘 역사에서 성왕(聖王)으로 추앙받는 다윗도 여러 아내와 첩을 거느렸고, 그 아들 솔로몬도 후궁만 천 명을 거느렸다. 솔로몬은 그냥 거느린 정도가 아니라 여자들에게 푹 빠져 「아가」와 같은 사랑시를 남겨 놓기도 했다.

「열왕기상」에는 이런 기록도 있다. "솔로몬 왕이 바로의 딸 외에 이방의 많은 여인을 사랑하였으니 곧 모압과 암몬과 에돔과 시돈과 헷 여인이라(중략) 솔로몬이 그들을 사랑하였더라"(왕상 11:1-2) 솔로몬이 사랑하고 연애한 여인들은 지금의 중동 지역 여인들로서 워낙 매혹적인 용모를 지니고 있어 보기만 해도 유혹당하기 쉽다. 솔로몬은 거룩한 예루살렘 성전까지 짓고도 결국 여자 문제로 무너지고 말았으니 아무리 탁월한 업적도 이성의 유혹 앞에서는 물거품이 되고 마는가 보다.

일부일처제를 훌륭하게 지켜오던 목회자들도 자칫 잘못하면 여자 문제로 곤욕을 치르기 십상이다. 많은 여성 신도를 돌보고 있는 목회자들은 일부다처의 은밀한 욕망을 여성 신도들을 통하여 암암리에 채우고 있지 않은지 살펴볼 일이다. 육체적인 간통보다 정신적, 영적 간통이 사실은 더 끈질기고 무섭다고 하지 않는가.

이스라엘 역사에서 언제부터 일부일처제가 정착되었는지는 잘 알 수 없다. 전 세계적으로 볼 때도 일부일처제의 역사는 그리 오래 되지 않았다. 지금도 특정 교파나 아랍 지역에서는 공공연히 일부다처제가 용납되고 있다.

일부일처제가 법률적으로 정립된 나라에서도 재력 있는 자들은 그들의 부를 과시하기 위해서인지 여러 여자를 거느리며 살고 있다. 그들에 대한 윤리적 판단은 일반 서민의 경우와 다르게 적용된다. 결국 법률이나 도덕이 판단의 기준이 되는 것이 아니라 재력이 판단의 기준이 된다. 재력도 별로 없는 자가 여러 여자를 거느리려고 하는 것은 타락한 행위로 지탄의 대상이 되고 만다.

중국에서도 오랜 세월 축첩을 통한 일부다처제가 유지되어 왔고, 공산혁명이 있고 나서야 비로소 일부일처제가 정립되기 시작했다고 해도 과언이 아니다. 명나라 시대 가정 규율을 적어 놓은 책에 충격적인 '신첩 신고식'에 관한 기록이 남아 있다.

> "남자는 (신첩을 얻었을 때) 자기의 욕구를 조절하고 잠시 새 첩을 가까이 하지 말고 다른 처첩들에게 관심을 기울여야 한다. 그가 자기의 다른 여자와 교접할 때마다 신참자를 상아 침대 곁에 얌전하게 서 있게 해야 한다. 이렇게 4, 5일 지난 뒤 반드시 첫 번째 부인과 다른 첩들이 지켜보는 가운데 처음으로 그 신참자와 관계를 맺는다. 이것이 한 집안 여성들 간의 화목과 행복을 이루기 위한 기본 원리이다."

이런 신첩신고식을 소설이나 영화로 형상화한다면 그야말로 에로티즘의 극치를 이루는 장면이 될 것이다. 하지만 '한 집안 여성들 간의 화목과 행복을 이루기 위한 기본 원리', 다시 말해 성의 공정한 분배를 위한 엄숙한 의식이라는 인식을 가질 때는 섣불리 외설이라고 단정지을 수도 없다.

아브라함이나 야곱이 이런 신첩신고식을 시행했다면 부인이나 첩들 간에 지독한 시기나 질투가 일어나지 않았을지도 모른다. 아프리카 우간다의 에르곤족은 이런 신첩신고식을 하지 않았는데도 여자들이 불평 없이 서로 도와가며 살아갔다니 그들은 생래적인 지혜를 가지고 있었던가 보다. 인류는 이제 막 일부일처제를 연습하기 시작하여 앞으로 많은 시행착오를 겪을 것이다.

집단무의식

"내 생애는 무의식의 자기실현의 역사다.…저술은 내 생애의 정류장이라 여겨질 만하며 나의 내적 발달의 표현이다. 무의식을 탐구하는 일은 사람을 만들고, 그에게 변환을 일으킨다. 나의 생애는 내가 행한 것, 내 정신의 작업이다. 이것을 하나하나 떼어놓을 수 없다." 이는 스위스 심리학자 카를 구스타프 융(Carl Gustav Jung, 1875-1961)의 말이다.

그의 이론에서 가장 유명한 개념은 '집단무의식'과 '원형'인데, 집단무의식은 모든 사람에게 공통된 것으로 고대에서 만물의 공감이라고 불린 것들의 기초라고 설명한다. 또한 원형은 집단무의식의 내용 중 원초적 유형, 고대부터 존재해 온 보편적 이미지이다. 가령 모성이나 부성, 영웅 등이 원형의 이미지이며, 신화나 민담에서 쉽게 찾아볼 수 있다. 원형 중의 원형이 바로 신의 형상(Image Dei)이다.

융이 중년에 손수 지은 집의 일화가 무라카미 하루키 장편소설 『1Q84』에 언급되는데, 하루키는 '차가워도 차갑지 않아도 신은 여기에 있다'라고 입구에 새겼다고 했다. 그러나 라틴어 'Vocatus atqua non vocatus deus aderit(부르든 부르지 않든 신은 존재한다)'라는 문구가 새겨져 있다. 신의 이름을 어떻게 부르든 신은 존재한다는 의미이다.

『카를 융 자서전』(카를 융, 조성기 옮김, 김영사) 참조, 편집부 정리

PART 3

족장 시대 ❷

우리야의 아내가 솔로몬을 낳고

이새는 다윗 왕을 낳으니라
다윗은 우리야의 아내에게서 솔로몬을 낳고
마태복음 1장 6절

09

내 아들의 합환채로
당신을 샀노라

시기는 죽음보다 강하다고 했던가. 야곱의 아내들 중에서 레아와 라헬은 자매지간이었지만 야곱을 가운데 두고 서로 시기 질투하기에 여념이 없었다. 그들이 몸종까지 동원하여 낳은 아들들의 이름이 두 사람의 시기 질투 역사를 그대로 반영하고 있다.

이미 앞에서 언급했듯이 야곱은 원래 동생인 라헬을 연모하여 라헬의 아버지 라반 밑에서 묵묵히 7년 동안이나 일했다. 그런데 라반은 야곱을 속여 큰딸 레아를 먼저 아내로 주고 그 다음 다시 7년을 일하는 조건으로 라헬을 주었다. 야곱은 결혼을 하고도 여전히 라헬만을 사랑했다. 언니 레아는 독수공방으로 밤을 지새우는 날들이 많았다.

하지만 이상하게도 레아에게 먼저 태기가 있게 되었다. 그녀가 낳은 첫아들 이름이 르우벤이었다. 르우벤은 '보라 아들이다' 하는 뜻으로 레아의 억울함과 분함이 함축되어 있는 이름인 셈이다.

레아는 르우벤을 낳고 이렇게 소감을 피력했다. "여호와께서 나의 괴로움을 돌보셨으니 이제는 내 남편이 나를 사랑하리로다"(창 29:32) 이 한마디에서 레아가 그동안 남편의 사랑을 받지 못해 얼마나 괴로워했는가 짐작할 수 있다.

곧이어 레아는 다시 임신하여 아들을 낳고 시므온이라는 이름을 붙였다. 시므온은 여호와께서 자기 기도를 들어주셨다는 뜻이다. 그때도 레아가 이렇게 소감을 말했다. "여호와께서 내가 사랑받지 못함을 들으셨으므로 내게 이 아들도 주셨도다"(창 29:33) 레아가 첫아들을 낳고 남편이 이제는 사랑해 주겠지 했으나 아직도 남편의 마음을 돌리지 못했던 모양이다.

셋째 아들을 낳고 레위라는 이름을 붙였는데 레위는 '연합'이라는 뜻으로 남편이 레아 자기와 이제부터는 연합하리라는 기대가 담겨 있는 이름이다. 넷째 아들을 낳고 붙인 '유다'라는 이름은 찬송이라는 뜻으로 그제야 비로소 레아가 아들들을 주신 여호와를 찬송하기 시작했다. 아들들의 이름을 살펴보면 레아의 마음이 조금씩 치료되고 회복되어 가는 과정을 엿볼 수 있다.

이렇게 레아가 연이어 아들들을 네 명이나 낳자 이번에는 아직도 아들 하나 없는 라헬이 시기가 나서 견딜 수 없었다. 그래서 야곱에게 심하게 앙탈을 부렸다. "내게 자식을 낳게 하라 그렇지 아니하면 내가 죽겠노라"(창 30:1)

그러자 야곱이 평생 처음으로 라헬에게 화를 내며 대답했다. "그대를 임신하지 못하게 하시는 이는 하나님이시니 내가 하나님을 대신하겠느냐"(창 30:1) 결국 라헬은 몸종 빌하를 야곱에게 씨받이로 주어 단이라는 아들을 얻었다. 단은 억울함을 풀었다는 뜻이다.

그 다음 빌하가 또 아들을 낳자 라헬이 득의양양하여 "내가 언니와 크게 경쟁하여 이겼다"(창 30:8)면서 납달리라는 이름을 붙여 주었다. 납달리는 경쟁이라는 뜻이다. 그런데 이번에는 레아가 몸종 실바를 야곱에게 주어 갓과 아셀이라는 아들들을 낳게 했다. 갓은 복됨, 아셀은 기쁨이라는 뜻이다. 레아가 훨씬 여유가 생긴 것을 알 수 있다.

레아가 나이가 들면서 점점 아이를 갖기 힘들게 되었다. 맏아들 르우벤이 어머니의 사정을 알았는지 밀을 거둘 무렵, 들에서 합환채(合歡菜)를 캐어 가지고 와서 레아에게 주었다.

합환채는 히브리어로 '뚜디'라고 하는데 감자류에 속하는 식물로 팔레스타인 남부 지역에서 많이 난다. 여러 갈래로 난 뿌리는 인삼처럼 생겨 얼핏 보면 사람 다리들이 꼬여 있는 형상이다. 그야말로 남녀가 교합하는 모양과 닮았다. 그런 뿌리 모양 때문인지 옛날부터 그 식물은 남자의 양기를 돕고 여자의 임신을 돕는 데 효과가 있다고 알려졌다.

꽃과 잎이 뿌리에 바짝 붙은 합환채는 그 잎이 진한 녹색이고 꽃은 짙은 자색이며 열매는 토마토보다 약간 작은 크기로 노란색을 띠고 있다. 특히 독특한 향과 맛을 지니고 있는 열매는 성욕을 자극하는 특성 때문에 '사랑 사과(love apple)'라고 불리기도 하고 성욕이 지나치면 탈선할 우려도 있기 때문에 '마귀 사과(devil apple)'라고 불리기도 한다. 요즘 말로 하면 일종의 최음제인 셈이다.

레아가 아들까지 동원하여 합환채를 구했다는 소식을 듣고 라헬이 달려와 자기에게도 그것을 나눠 달라고 했다. 레아는 일언지하에 거절했다. "네가 내 남편을 빼앗은 것이 작은 일이냐 그런데 네가 내 아들의 합환채도 빼앗고자 하느냐"(창 30:15)

하지만 합환채를 주면 오늘 밤 남편과 동침하게 해 주겠다는 라헬의 제안에 레아가 넘어가고 만다. 저물 때 야곱이 들에서 돌아오자 레아가 달려가 남편을 맞이하며 말했다. "내게로 들어오라 내가 내 아들의 합환채로 당신을 샀노라"(창 30:16)

언니와 동생이 맺은 계약대로 야곱은 할 수 없이 그날 밤 레아의 방으로 가서 동침해야만 했다. 아마도 레아가 라헬에게 합환채를 다 주지는 않고 야곱과 동침하면서 야곱에게 주어 먹게 했을 것이다. 정력이 왕성해진 야곱이 레아를 오랜만에 즐겁게 해 주었을 것이다. 그 이후 낳은 아들이 잇사갈인데 그 이름은 값이라는 뜻이다. 말하자면 남편을 값을 주고 사서 낳게 된 아들이라는 것이다.

합환채라는 말은 「창세기」에서 다섯 번 나오고 「아가」에서 또 한 번 나온다. 「아가」의 내용은 아무리 신학적인 해석을 가한다 하더라도 에로티즘을 떨쳐 버리기는 힘들다.

"네 키는 종려나무 같고 네 유방은 그 열매송이 같구나 내가 말하기를 종려나무에 올라가서 그 가지를 잡으리라 하였나니 네 유방은 포도송이 같고 네 콧김은 사과 냄새 같고 네 입은 좋은 포도주 같을 것이니라 (중략) 합환채가 향기를 뿜어내고 우리의 문 앞에는 여러 가지 귀한 열매가 새 것, 묵은 것으로 마련되었구나"(아 7:7-13)

종려나무에 올라가서 그 가지를 잡고 과실을 따듯이 여인의 몸을 타고 올라가 열매송이 같은 유방을 만지겠다는 구절은 그야말로 성애 표현의 극치라 할 수 있다. 「아가」의 첫머리에 기록되어 있듯이 솔로몬이 지은 노래이다.

후궁 천 명을 거느린 솔로몬이었지만 특히 술람미 여자에게 빠져 있었던 모양이다. 술람미 여자의 콧김조차 사과 냄새로 여길 지경이었다면 어느 정도까지 그 여인에게 빠져 있었는지 알 만하다.

그 대목에서 '합환채가 향기를 뿜어내고'라는 구절이 나오는 것으로 보아 솔로몬은 교합의 쾌감을 높이려고 합환채를 구하여 복용하였음이 틀림없다. 하긴 천 명의 후궁들을 거느리려면 보통 정력 가지고는 어림도 없는 일이다.

원래 합환채는 진한 향기가 없어 향기를 뿜어낸다는 표현은 과장된 면이 있지만 합환채 열매를 복용했을 경우는 자극적인 약리 작용으로 정말로 합환채가 향기를 뿜어내는 것처럼 여길 수도 있을 것이다.

야곱과 솔로몬 같은 옛날 사람들이나 요즈음 사람들이나 정력 증강과 성욕의 자극을 위해 애를 쓰는 점은 별 다를 바 없는 듯싶다. 도교가 성행한 중국 위진 시대에는 여러 광물을 배합하여 한식산(寒食散)이라는 최음제를 만들어 사대부나 서민 할 것 없이 모두 복용하고 부작용으로 폐인들이 되기도 했다.

성욕은 죽음보다도 더 강한 것 같다. 세계 각국의 제약 회사들이 현대판 합환채를 만들려고 천문학적인 돈을 쏟아붓고 있는 이유일 것이다.

10

강간에 대한 편견

'강간'이라는 단어가 맨 처음 성서에 나오는 대목은 「창세기」 34장이다. 야곱이 재물과 가족을 이끌고 외삼촌 라반 집을 나와 밧단아람에서 고향으로 돌아가는 도중에 야곱의 딸 디나가 하몰의 아들 세겜에게 강간을 당하게 된다.

세겜은 세겜 성의 추장으로 은 100개를 받고 야곱에게 밭농사를 지을 만한 땅을 팔았다. 야곱 일행이 당분간 그 지역에 머물게 되었을 때 레아가 낳은 딸 디나가 그 지역 여자들을 보러 나갔다. 아마도 근방에 축제 같은 것이 벌어졌던 모양이다. 호기심 많은 처녀인 디나는 세겜 성 여자들과 사귀고 싶은 마음에 마을 잔치에 어울렸다.

디나를 눈여겨보고 있던 추장 세겜이 디나를 유혹하여 자기 집으로 끌어들여 껴안으려고 했다. 그러나 디나는 세겜의 몸짓을 거부했다. 결국 세겜은 디나의 옷을 강제로 벗기고 성폭행을 했다.

일이 다 끝나자 디나는 두려움과 수치심으로 흐느껴 울었다. 세겜은 디나를 달래며 말했다. "내가 충동적으로 너를 가진 것은 아니다. 나는 너를 처음 보자마자 너에게 반했다. 나는 정말 너를 사랑한다. 너를 내 아내로 맞고 싶다." 하지만 그러한 세겜의 말이 디나에게 위로가 될 리 없었다.

야곱은 딸이 강간당했다는 소식을 듣고는 분노에 떨었다. 당장 칼을 들고 세겜에게로 달려가고 싶었다. 하지만 아들들이 들에서 목축을 하느라 아직 돌아오지도 않았는데 혼자 달려갔다가는 무슨 일을 당할지 몰랐다.

야곱은 아들들이 놀아올 때까지 전혀 내색을 하지 않고 있다가 아들들이 돌아오자 디나가 당한 일을 입 밖에 내어놓았다. 야곱의 아들들을 비롯한 식구들이 한결같이 심히 근심하고 노하며 어찌할 바를 몰랐다.

이때 세겜의 아비 하몰이 야곱의 집으로 와 아들 세겜이 디나를 무척 사랑하니 디나를 며느리로 달라고 부탁했다. 하몰은 자신의 요구를 들어주면 야곱 일행이 그 지역에 계속 머물면서 생업에 종사해도 좋다고 했다. 그리고 서로 통혼하여 피를 섞자고까지 했다. 세겜도 아비를 뒤따라와서 디나를 아내로 주기만 하면 어떤 요구라도 들어주고 어떤 예물이라도 보내 주겠다고 했다.

야곱으로서는 아무리 조건이 좋아도 딸을 강간한 자를 사위로 삼을 수는 없었다. 야곱의 대답을 듣지 못한 하몰과 세겜은 야곱의 아들들과 교섭을 벌이려고 했다. 야곱의 아들들은 세겜의 소원을 들어주는 척하면서 조건을 내걸었다. 세겜 성 남자들도 모두 야곱 집안의 남자들처럼 할례를 받으면 누이를 주겠다는 것이었다.

하몰과 세겜은 순진하게도 야곱의 아들들의 말을 믿고 세겜 성 모든 남자로 하여금 할례를 받도록 했다. 남자 음경의 표피 끝 부분을 잘라 내는 그 수술은 의학이 발달되지 않은 당시에는 큰 고통을 안겨 주었다. 상처가 아물기까지는 제대로 걷지도 못했다.

세겜 성 모든 남자가 포경 수술을 하고 사흘째 앓고 있을 무렵, 야곱의 아들들이 칼을 들고 세겜 성으로 쳐들어가 그곳의 남자들을 모조리 죽여 버렸다. 야곱의 아들들이 다 들어갈 필요도 없었다. 레아의 아들인 시므온과 레위 둘만 들어가서 일을 해치웠다. 하몰과 세겜도 죽였음은 두말할 나위가 없다. 그리고 세겜의 집에서 울고 있는 디나를 데리고 나왔다.

그 다음 나머지 야곱의 아들들이 시체가 즐비한 성으로 들어가 닥치는 대로 노략질하여 재물을 빼앗고 부녀자들을 사로잡았다. 성서에는 구체적으로 나와 있지 않지만 '그 자녀와 아내들을 사로잡고'(창 34:29)라는 구절에서 볼 때 야곱의 아들들이 세겜 성 여자들을 강간함으로써 보복했을 가능성도 없지 않다. 추장이 한 처녀를 강간한 사건이 종족 간에 피비린내 나는 전쟁으로까지 비화하고 말았다.

그런데 어떤 성서 해설서를 보면 '디나 사건의 교훈' 항목에서 우리가 배워야 할 점들을 열거하고 있다. 세상에 대한 지나친 호기심은 때로 죄를 초래함, 세상을 사랑하지 말아야 함, 안목의 정욕을 이겨야 함, 자녀의 신앙 교육에 힘써야 함 등등이 우리가 배워야 할 교훈이라는 것이다.

이것을 정리하면 신앙 교육을 제대로 받지 못한 디나가 안목의 정욕을 이기지 못하고 세상을 사랑한 나머지 세상에 대한 지나친 호기심으로 세겜 성 여자들을 보러 갔다가 강간을 당했다는 것이다. 다분히 디나에게 책임이 있는 듯이 해설을 해 놓고 있다. 말하자면 디나에게 세겜의 욕정을 부추겼다는 혐의를 덮어씌우고 있는 셈이다.

성서 해설에서도 이런 식으로 남성중심적인 관점을 취하고 있으니 일반인들의 의식은 오죽 하겠는가. 심지어 여성들은 무의식적으로 강간당하기를 원하고 있다는 이론까지 내세우는 자들도 있다.

공격심리 전문가로 알려진 앤서니 스토(Anthony Storr)는 '무방비 상태의 여자를 데리고 성욕을 발산하려는 무자비한 남자에게 붙잡혀 능욕당한다는 상상은 여성의 섹스에 광범위한 호소력을 갖는다'고까지 했다.

아나이스 닌(Anais Nin)이라는 미국 여류 작가는 1937년 자신의 일기장에 '성폭행을 당하고 싶다는 생각은 어쩌면 남몰래 느끼는 여성의 에로딕한 욕망이 아닐까'라고 적었다. 헬렌 도이치(Helen Deutsch)는 '여자는 그들의 꿈에서 증명되듯이 무의식적인 강간 환상을 가지고 있다'고 주장하기도 한다. 이집트에는 '여자는 열 번 연속해서 강간을 당한 다음에야 비로소 살려 달라고 소리를 지른다'는 해괴한 속담까지 있다.

강간 사건을 다루는 법정에서조차도 강간 피해자라고 하는 여자가 오히려 의문스런 태도를 취하지 않았느냐, 옷을 야하게 입지 않았느냐, 위험한 곳에 일부러 혼자 있지 않았느냐 등등을 따지며 강간 범죄자에게 유리한 방향으로 재판을 끌고 가려는 경향이 있기도 하다.

17세기에는 강간당했다고 주장하는 여자가 일을 당하는 도중에 흥분을 느꼈다면 강간죄가 성립되지 않는다는 법 이론을 내세우는 학자들도 있었고, 요즈음도 재판 과정에서 피해자인 여성에게 오르가슴을 느꼈느냐고 집요하게 질문하는 판사들이 있다.

사실 강간이라는 폭력을 당하면서도 감정과는 무관하게 피해 여성이 오르가슴을 느끼는 예들이 드물게 있을 수도 있다. 그런 경우 피해 여성은 범죄자에 대한 분노보다는 자기 자신에 대한 심한 혐오감과 수치심으로 자살을 시도하기도 한다. 하지만 그런 오르가슴은 조건반사에 불과하고, 교수형을 당하는 사형수가 오르가슴을 느끼는 경우와 같은 이상현상의 일종일 뿐이다.

흔히 강간 환상이라고 하는 것도 실제로 강간을 당하지 않고 있기 때문에 가능한 것이지 실제 상황은 상상과는 천양지판(天壤之判)이다. 강간 피해 여성들은 지속적인 악몽, 광장 공포, 밀실 공포, 군중 공포, 배후 공포(자기 뒤에 있는 사람에 대한 공포) 등등 심각한 후유증을 겪는데, 이들에게서 공통적으로 나타나는 두 가지 공포는 무엇보다도 혼자 있는 것에 대한 공포와 성관계 공포이다. 성생활에 적극적이었던 여자들도 피해 이후 성관계를 다시 시작할 때는 강간과 관련된 공포로 인하여 정상으로 돌아오는 데 오랜 시일이 걸린다고 한다.

힐버만(E. Hilberman)이 말한 것처럼, 강간은 그 개인의 인격을 상대로 저지른 범죄이지 처녀막을 상대로 저지른 범죄가 아니다. 처녀막은 재생수술도 가능하지만 깊이 상처받은 인격은 좀처럼 회복하기 힘든 법이다.

야곱의 아들들은 누이 디나가 받은 몸과 마음의 상처가 어떠한가를 깊이 알았기 때문에 그런 잔혹한 복수극을 벌인 것일까. 그보다는 자신들의 가문이 수치를 당했다는 의식이 더욱 강했을 것이다. 오히려 누이 디나에게는 남성중심적인 편견을 가진 재판관처럼 몸가짐을 잘못했다고 크게 꾸짖었을지도 모른다.

남자 92퍼센트,
여자 62퍼센트가 자위?

서양에서는 성문화의 분기점을 대개 영국 빅토리아 시대로 잡는다. 빅토리아 시대는 성행위에 대한 금기가 극도에 달한 시기였다. 특히 자위 행위는 사람을 망치는 악마적인 죄악으로 여겨져 그것을 막기 위한 갖가지 잔인한 방법들이 창안되기도 했다.

우선 자위행위가 얼마나 남자에게 해로운가 하는 사실이 널리 홍보되었다. 자위를 자주 하는 남자 아이의 체격은 허약하기 짝이 없으며 눈은 생기가 없이 움푹 들어가고 안색은 창백하다고 하면서 자위 습관이 지속되면 바보 천치가 될 수 있다고 경고했다.

남자 아이가 자위를 하다가 들키면 이틀 동안 못으로 둘러싸인 철판 가리개를 생식기에 덮어씌워 자물쇠를 채워 놓기도 했다. 여자가 자위를 하다가 들키면 의사들은 악한 습관을 고친답시고 음핵을 마비시키거나 아예 질을 막아 놓는 시술을 하기도 했다.

1920년대에 이르러 비로소 헤이블록 엘리스(Henry Havelock Ellis) 같은 학자에 의하여 자위행위에 대한 편견이 교정되기 시작했다. 그러다가 1950년대에 알프레드 찰스 킨제이나 워델 포메로이(Wardell Pomeroy), 클라이드 마틴(Clyde Martin) 같은 학자들이 광범위한 자료 수집으로 엘리스의 주장을 뒷받침해 주었다. 킨제이의 조사에 의하면 남자는 92퍼센트가 자위를 하고 여자는 62퍼센트가 자위를 한다고 했다.

자위행위를 뜻하는 영어인 오너니즘(onanism)이나 독일어인 오나니(Onanie)가 「창세기」에 나오는 유다의 둘째 아들 이름인 오난에서 유래되었다는 사실은 흥미롭다.

유다는 야곱의 넷째 아들로 레아가 낳은 아들들 중 하나이다. 유다는 가나안 사람 수아의 딸을 취하여 엘과 오난, 셀라 세 아들을 차례로 얻었다. 엘이 장성하자 유다는 다말이라는 여자를 엘의 아내로 삼아 며느리로 맞아들였다. 엘은 여호와 신앙을 지키지 않고 가나안 풍속을 따랐는지 심각한 죄를 범하여 여호와의 심판을 받고 일찍 죽고 말았다.

그 당시 히브리인은 집안의 대를 잇기 위하여 형이 자식이 없는 가운데 죽으면 남동생이 형수와 혼인하여 아들을 낳아야 하는 '계대결혼(繼代結婚)' 관습이 있었다. '형사취수혼(兄死取嫂婚)'이라고도 한다. 그러한 관습에 따라 유다는 엘의 동생인 오난에게 형수 다말과 혼인하여 자식을 낳도록 했다.

오난은 아버지의 분부를 어쩔 수 없이 따르기는 했지만 다말이 낳을 아들이 자기 아들이 아니라 형의 후손이 될 거라 생각하니 영 마음이 언짢았다. 오난은 다말과 교합하여 파정(破精)에 이르기 직전에 다말의 몸에서 얼른 벗어나 바닥에 자신의 정액을 쏟아 버리고 말았다. 요즘 말로 하면 피임 수단의 하나인 성교중절, 다시 말해 체외사정을 한 셈이다.

체외사정에 관하여 이렇게 말하기도 한다. "사정하기 전 질로부터 음경을 뺀다는 것은 남자에 의한 자아통제심과 엄격한 시간 감각이 요구된다. 사정 전에도 몇몇의 정자가 방출되기 때문에 임신이 여전히 가능하다. 이런 방법은 효과적인 피임 방법이 될 수 없다."

하긴 어떠한 피임 방법도 100퍼센트 효과적일 수 없다. 정자 살균제를 시용히든지 링을 삽입히든지 콘돔을 시용히든지 피임약을 정기적으로 복용하든지 배란기를 체크하든지 별별 수단을 다 동원해도 결코 안전할 수 없다. 심지어 가장 안전한 피임 방법이라고 하는 정관 수술조차 정관이 저절로 풀리면 아무 소용이 없다.

요즘은 정관을 묶지 않고 아예 레이저로 지져버린다고 하던가. 그래도 정관이 저절로 길을 찾아 연결되는 수가 있다고 하니 가장 확실한 피임 방법은 오직 성교를 하지 않는 길밖에 없다.

오난이 살던 당시는 체외사정이 가장 확실한 피임법으로 통용되었을 것이다. 오난은 다말과 잠자리에 들어 교합을 할 때마다 성교중절법을 활용했던 모양이다. 형의 이름으로 후손을 잇는 일을 억울하게 여기는 오난의 심보가 여호와 보시기에 악하여 오난도 얼마 있지 아니하여 죽고 말았다.

그 다음 차례는 오난의 동생인 셀라였다. 다말과 혼인하는 자식들마다 죽으니 유다는 걱정이 태산 같았다. 하나 남은 아들인 셀라마저 다말과 혼인했다가 죽으면 큰일이 아닐 수 없었다. 유다는 셀라가 아직 어리다는 핑계를 대며 다말을 달래어 친정집으로 내려가 수절하도록 했다.

여기서 왜 오난이라는 이름이 자위행위를 뜻하는 단어로 전환되었는가 하는 의문이 생긴다. 체외사정을 영어로 위드드로얼(withdrawal)이라고 하는데 차라리 위드드로얼 대신에 오너니즘이라고 하는 것이 낫지 않겠는가.

위드드로얼은 원래는 철수(撤收)라는 뜻이다. 군대가 진격했다가 후퇴할 때 쓰는 단어인데 체외사정과 연관시키는 것은 어쩐지 자연스럽지 못하다. 남자가 여자의 몸으로 진격했다가 철수하는 것은 엄밀히 말해 도교에서 말하는 양생법 중 하나인 '사정중단법'에 해당한다. 중국의『옥방비결』이라는 책에 보면 사정중단법의 이로움을 이렇게 소개하고 있다.

"교접하면서 (오르가슴 직전에) 정액을 한 번 사정하지 않으면 기력이 강해진다. 두 번 사정하지 않으면 눈과 귀가 밝아진다. 세 번 참으면 온갖 병이 사라진다. 네 번 참으면 정신이 편안해지고 다섯 번 참으면 혈액 순환이 순조로워진다. (중략) 아홉 번 참으면 수명이 연장되고 열 번 참으면 신명(神明)에 통하게 된다."

사정을 참으면 정액은 몸을 거슬러 뇌로 올라가 온몸을 이롭게 한다는 것이다. 이러한 현상을 정액이 환류한다 하여 '환정(還精)'이라고 한다. 오르가슴 직전에 사정을 멈추는 비법은 그야말로 고차원의 양생 비결일 것이다.

남자의 입장에서 사정중단법이 쉬울 것인가 체외사정이 쉬울 것인가. 둘 다 어렵기는 마찬가지지만 그래도 사정중단법이 더욱 어려울 성싶다. 거의 극도에 달한 쾌감을 한순간 절제하는 일은 보통 의지로 하기 힘든 일이다.

오난은 사정중단법 대신에 체외사정을 택했다. 자신의 쾌감은 최대한 만족시키면서 형의 이름으로 자손을 잇지 않아도 되는 일거양득의 방법이 바로 체외사정인 셈이다.

이쯤 되면 오난이라는 이름이 자위행위를 뜻하는 단어로 바뀐 연유를 알 만도 하다. 오난은 다말을 자손을 이어 갈 파트너가 아니라 쾌락의 도구로만 여겼다. 다시 말해 다말의 몸을 이용하여 오난은 자위행위를 했을 뿐이다. 다말의 입장에서도 오난의 몸이 인격적인 객체기 아니라 쾌감을 주는 자위 도구 정도로 여겨졌을지 모른다.

마스터베이션(masturbation)이 주로 남성의 자위행위를 뜻하는 단어로 쓰이는 반면, 오나니 또는 오너니즘이 주로 여성의 자위행위를 뜻하는 단어로 쓰이고 있다고 해서 별로 이상할 것도 없다.

킨제이는 사춘기의 자위와 결혼 후 성교시의 오르가슴 간에 상관관계가 있다는 사실을 주장했다. 그것은 자위 경험이 전혀 없는 여자들 중 삼분의 일이 결혼 후 5년 동안 성교 시에 오르가슴을 경험하지 못하고 있다는 통계에 근거한 주장이었다.

다시 말해, 혼전에 자위 경험이 있는 여자들이 결혼 후 성교시 오르가슴을 느낄 수 있는 확률이 훨씬 높다는 것이다. 하지만 원래 성감각이 예민한 여자의 욕구 충족이 사춘기 때는 자위행위로 나타나고 결혼 후에는 성교시 오르가슴으로 나타난다는 학설이 킨제이의 주장보다 더 설득력이 있다고 할 수 있다.

자위는 함부로 단정할 수 없는 미묘한 사안이다. 빅토리아 시대처럼 악마적인 습관으로 매도해서도 안 되고 킨제이 보고서처럼 오르가슴의 사전 학습이라는 식으로 은근히 권장해서도 안 될 것이다. 비록 의식적으로 자위를 하지 않는다 하더라도 청소년기 남자들은 대부분 몽정을 통해서 저절로 자위하고 있으므로 그 누구도 자위를 하지 않고 있다고 장담할 수 없는 노릇이다. 그러므로 우리는 모두 잠재적인 '오난'들이라고 할 수 있다.

ADDITION

피임의 역사

　피임은 인류의 주된 관심사 중 하나다. 언제부터 시작됐을까. 「창세기」 38장에 "유다가 아들 오난에게 이르기를 형수에게 장가들어 죽은 형의 후손을 남기라고 한다. 그러나 그 씨가 자기 것이 되지 않을 줄 안 오난은 정액을 바닥에 흘려 후손을 남기지 않으려 하였다"는 구절은 곧 '질외사정'을 의미한다.

　가장 오래된 피임 처방은 BC 1850년 고대 이집트 파피루스에 기록된 것으로 악어의 변에 벌꿀이나 열매를 혼합해 만든 경단을 질 내에 삽입하여 정자를 막거나 죽이는 역할을 했다. 아카시아 시럽을 발효시킨 산성액에 면 탐폰을 담가 사용하기도 했는데 오늘날 살정젤리 같은 원리이다.

　먹는 피임제의 역사는 2천 년 이상 거슬러 올라간다. AD 1세기경 로마의 부인과와 그리스의 의약사 기록에 보면 쓴쑥, 야생초, 박하류, 당근 등 몇몇 식물들이 피임제, 통경제, 유산제로 쓰였다. 또한 고대 그리스의 민간요법은 '성교 후 재채기를 하거나 뒤로 팔짝팔짝 7번 뛰라'고 했는데, 정액을 질 밖으로 흘려내기 위한 시도였다. 인도 산스크리트 본문 중 'coitus obstructus'라는 말은 질외사정과 같은 의미로 해석하고 있다.

『피임의 역사』(앵거스 맥래런 지음, 정기도 옮김, 책세상) 참조, 편집부 정리

12

매춘부로 변장한
며느리

'포르노그래피(pornography)'는 헬라어에서 유래된 단어로 '매춘부에 관한 기록'이라는 뜻을 가지고 있다. 매춘부뿐만 아니라 단골손님의 생활, 습관, 행동 등을 기록해 놓은 것도 넓은 의미의 포르노그래피에 속한다. 포르노그래피는 그리스인들에 의해 독특하고 빼어난 문학 양식을 이루기도 했다.

근대와 현대의 문학도 따지고 보면 그리스인들의 포르노그래피의 변용이라 해도 과언이 아닌 경우가 많다. 포르노그래피의 세계적인 문학은 뭐니 뭐니 해도 중국 4대 기서 중 하나인 『금병매』이다. 냉혹함과 절망이 흐르고 에로티즘의 묘사가 많다. 루쉰(魯迅)은 명나라 소설 중 인간의 세태를 가장 잘 표현한 소설이라고 평가한다.

고대 그리스에는 '포르노이(pornoi)'라는 최하급 매춘부 그룹이 있었고 '헤타이라(hetaira)'라는 고급 창녀 그룹이 있었다. 포르노이와 헤타이라 사이에도 여러 계층이 있어 다양한 이름으로 불렸는데 고기 썰기, 다리의 여인, 불목하니, 달리는 여자, 갇힌 여자, 암늑대, 주사위, 구더기 단지 등 그 이름들도 유별났다.

이런 이름들에서 볼 수 있듯이 그리스 사회는 매춘을 지극히 당연한 생업으로 여겼고 많은 도시 국가가 매춘 종사자들의 수입에 세금을 매겼다. 그렇게 얻은 세금으로 아프로디테 신전 같은 건물을 세우기도 하였으니 얼마나 매춘이 공공연히 시행되었는지 알 수 있다. 매춘세만을 징수하는 전문 세무 공무원이 있을 정도였다.

그리스 문화와 대조를 이루는 히브리 문화에서는 매춘이 공적으로는 금기시되었다. 제사장의 딸이 매춘을 하는 경우에는 화형을 시키도록 했다. 특히 매춘부가 청소년들에게 미치는 영향에 대해 극히 경계했다.

매춘부를 따라가는 청소년을 잠언에서는 다음과 같이 묘사하고 있다. "젊은이가 곧 그(매춘부)를 따랐으니 소가 도수장으로 가는 것 같고 미련한 자가 벌을 받으려고 쇠사슬에 매이러 가는 것과 같도다 필경은 화살이 그 간을 뚫게 되리라 새가 빨리 그물로 들어가되 그의 생명을 잃어버릴 줄을 알지 못함과 같으니라"(잠 7:22-23) 하지만 이스라엘 사회에서도 매춘이 근절되지 않았고 결국 필요악 정도로 여기고 은근히 방치하기에 이르렀다.

매춘의 원형을 종교 예배 의식에서 찾는 학자들도 있다. 고대 바빌로니아 신전에는 바알이라고도 하는 마르두크 신의 성교를 위해 특별한 방이 가장 높은 탑 안에 마련되어 있었다. 그 방에는 커다란 소파가 놓여 있었고 신의 욕정을 채워 주기 위해 선발된 여자가 밤마다 소파에서 신을 기다렸다. 신이나 그 화신이 나타나 여자와 교합했다고 하는데 신의 화신이라는 자들이 신전을 찾아온 남자들이었음은 말할 필요가 없다.

또한 바빌로니아의 모든 여성은 일생에 한 번은 이쉬타르라고도 하는 밀리타 신의 신전에서 여사제 역할을 하며 낯선 남자와 관계를 맺어야만 했다. 남자들은 은화를 여자의 무릎에 던져 일종의 헌금을 한 후에 여자와 관계를 맺을 수 있었다. 이러한 매춘을 '신성매춘'이라고 한다.

이방 문화와 종교의 영향으로 이스라엘에도 신성매춘이 들어왔으나 요시아 왕의 종교 개혁 이후에는 거의 사라졌다. 하지만 여성이 신전 밖에서 매춘으로 돈을 벌어 신전에 바치는 사원매춘은 근절되지 않았다. 물론 여기서 신전은 예루살렘 성전이 아니라 이방신을 섬기는 사원을 가리킨다.

예수의 족보에서 중요한 조상의 위치를 차지하는 유다는 아내가 죽어 홀아비가 되자 자신의 욕정을 채우려고 거리의 창녀와 관계를 맺는다. 다른 아내를 구하기까지 기다려도 될 터인데 딤나 지방으로 출장을 가서 서둘러 사창가를 찾았으니 꽤 급했던 모양이다.

부부인 번 벌로(Vern Bullough)와 보니 벌로(Bonnie Bullough)가 공동 저술한 『매춘의 역사』에서는 유다가 거리의 창녀를 사원매춘부로 여겼을 거라고 했으나 확실하지는 않다. 그 당시에 사원매춘부뿐만 아니라 개인적인 문제로 창녀가 된 여자들도 있었다.

유다가 딤나 지방 에나임 문 앞 거리에서 만난 창녀는 사실은 창녀가 아니고 유다의 며느리 다말이었다. 다말은 유다의 셋째 아들 셀라가 장성했는데도 유다가 수혼(嫂婚), 즉 형사취수혼의 관습을 따르지 않자 일부러 창녀로 변장하여 유다를 기다리고 있었다. 다말은 시아버지의 씨를 받아서라도 남편 엘의 후손을 이으려고 작정했다.

유다는 화대로 염소 새끼를 주겠다고 하고 약조물로 자신의 도장과 지팡이를 여자에게 맡겼다. 선불 화대로 일종의 어음을 끊어 준 셈이다.

딤나에서 집으로 돌아온 유다는 친구인 아둘람 사람 편에 화대인 염소 새끼를 여자에게 보내고 도장과 지팡이를 찾아오려고 했다. 하지만 친구가 아무리 찾아보아도 그런 창녀는 딤나 지방에 없었다. 딤나 사람들은 한결같이 자기들 지방에는 창녀 자체가 없다고 했다. 유다는 도장과 지팡이를 찾기 위해 창녀를 수소문하는 것도 창피하고 해서 없었던 일로 묻어 두려 했다.

석 달이 지난 후, 친정집으로 내려가 있는 며느리 다말이 임신을 했다는 소문이 유다에게 들려왔다. 유다는 다말이 외간 남자와 간통한 줄 알고 다말을 끌어다가 불에 태워 죽이라고 했다. 다말이 유다 앞에 끌려 나와 심문을 당했다.

"누구와 간통하여 임신까지 하게 되었느냐?"

"이 도장과 지팡이의 임자로 인하여 임신하게 되었습니다."

유다는 다말이 내어놓는 도장과 지팡이를 보고 깜짝 놀랐다. 결국 유다는 다말에게 셋째 아들 셀라를 주지 않은 잘못을 인정하고 다말의 화형을 취소했다. 그러나 이미 임신을 했으므로 더 이상 셀라를 줄 필요가 없었고, 유다도 다말의 영악함에 질렸는지 그녀를 가까이 하지 않았다.

해산할 때가 되어 다말이 아이를 낳았는데 산파가 보니 쌍둥이가 아닌가. 산파가 장자를 구별하려고 먼저 나오는 아이의 손에 붉은 실을 묶어 주었다. 그런데 그 아이가 다시 안으로 들어가고 뒤에 있는 아이가 앞질러 나오고 말았다.

어머니 배 속에서 먼저 나오려고 앞에 있는 아이를 헤치고 나왔기 때문에 그 아이의 이름을 '헤치다'라는 뜻인 베레스라고 불렀다. 베레스 다음에 나온 아이는 세라라고 불렀다.

「마태복음」 첫머리에 "유다는 다말에게서 베레스와 세라를 낳고 베레스는 헤스론을 낳고"(마 1:3)라는 구절이 나온다. 시아버지와 며느리 사이에서 잉태된 불륜의 씨가 의젓하게 예수 족보에 실려 있다.

예수 족보는 보통 '누가 누구를 낳고' 식으로 이어지는데 '누가 누구에게서 누구를 낳고' 식으로 표현하고 있는 대목이 네 번 나온다. 이는 다 비정상적인 관계의 출생임을 알 수 있다.

첫 번째가 유다와 다말에 관한 언급이고, 두 번째가 '살몬이 라합에게서 보아스를 낳고'(마 1:5)이다. 라합은 이스라엘의 가나안 정복을 도운 여리고의 기생이었다. 세 번째가 '다윗이 우리야의 아내에게서 솔로몬을 낳고'(마 1:6)이다. 다윗이 신하 우리야의 아내 밧세바와 간통하여 솔로몬을 낳았다. 네 번째가 '마리아에게서 그리스도라 칭하는 예수가 나시니라'(마 1:16)이다. 예수의 경우 '요셉이 마리아에게서 예수를 낳았다'고 하지 않았다. 예수는 성령으로 잉태되어 요셉의 피가 섞인 아들이 아니기 때문이다.

이와 같이 비정상적인 관계의 출생인 경우에만 여자의 이름이 언급되고 있다. 시아버지와 며느리의 근친상간에 가까운 불륜, 간통 등으로 태어난 자들도 예수 족보에 실려 구속사의 한 모퉁이를 차지하고 있으니 하나님의 섭리는 인간의 도덕적 판단을 뛰어넘고 있음에 틀림없다.

13

유혹은
함정이요 늪이다

요셉은 야곱이 사랑했던 아내 라헬이 낳은 아들이다. 라헬은 아들 낳기 경쟁에서 언니 레아에게 밀리자 몸종인 빌하를 야곱에게 주어 단과 납달리를 낳게 했다. 그러나 오랫동안 자신이 직접 낳은 아들은 없었다. 그런 중에 라헬이 아들을 임신하여 해산하자 득의양양하여 아들을 더 낳고 싶다는 뜻으로 '요셉'이라는 이름을 아이에게 지어 주었다.

「창세기」 30장 25절에 보면 "라헬이 요셉을 낳았을 때에 야곱이 라반에게 이르되 나를 보내어 내 고향 나의 땅으로 가게 하시되"라는 구절이 있다. 이 구절은 야곱의 인생에서 중요한 전환점을 의미하는 대목이다.

야곱은 14년 동안이나 장인인 외삼촌 라반 집에서 머슴처럼 일해 왔으나 품삯도 제대로 못 받은 데다 스스로 일가를 이루지도 못하고 있는 형편이었다. 라반 밑에 있다가는 이용만 당할 것을 눈치챈 야곱은 라헬이 요셉을 낳자 가족에 대한 애착이 더욱 생겨 고향으로 돌아갈 마음을 먹었다.

야곱은 눈에 넣어도 아깝지 않을 라헬과 요셉만 있으면 다른 것은 그리 필요하지 않은 듯이 여겨질 정도였다. 여러 가지 라반의 방해를 물리친 후 야곱이 간신히 가족을 데리고 고향인 가나안으로 들어왔을 즈음, 또 임신을 하게 된 라헬이 난산 끝에 아이를 하나 더 낳게 되었다.

라헬의 숨이 넘어가려는 순간 산파가 라헬에게 소리쳤다. "두려워하지 말라 지금 네가 또 득남하느니라"(창 35:17) 라헬은 죽어 가면서 아들의 이름을 슬픔의 아들이라는 뜻의 '베노니'라고 지어 주었다. 그러나 야곱은 그 아이를 오른손의 아들이라는 뜻인 '베냐민'이라고 불렀다.

지극히 사랑했던 아내 라헬이 죽자 야곱의 애정은 라헬의 친아들들인 요셉과 베냐민에게로 기울어졌다. 다른 형제들의 시기를 사게 된 요셉은 형들에 의해 미디안 상인들에게 팔리고 말았다. 더한다는 뜻을 가진 이름이었지만 요셉의 인생은 더하기는커녕 자꾸 빼앗기기만 했다. 태어나자마자 어머니가 죽고, 어린 나이에 아버지와 가정을 떠나야만 했다.

미디안 상인들은 요셉을 애굽으로 데리고 가 바로의 신하 시위대장 보디발의 집에 팔아넘겼다. 비록 종의 몸이었지만 맡은 일을 성실하게 해내는 요셉을 보고 보디발은 그를 가정총무로 삼고 집안일 전체를 돌보도록 했다.

요셉의 용모는 준수하고 아담한 편이었다. 보디발은 요셉과는 대조적으로 우락부락하게 생겼을 것이다. 시위대장은 요즘 말로 경호실장에 해당하는 직책이라 바로를 언제나 곁에서 호위해야만 했다. 집에 들어오는 날도 별로 없었고 아내에게 자상하게 대해 주지도 못했을 것이다.

일에 쫓기는 남편을 둔 아내들이 흔히 그러하듯 보디발의 아내도 남자의 자상한 사랑을 받아 보고 싶고 남자의 뜨거운 가슴에 안기고 싶은 마음을 늘 가지고 있었다. 그런 중에 준수한 용모를 지닌 히브리 청년 요셉이 가정총무로 일하는 모습을 보고 반하고 말았다. 보디발의 아내는 틈만 나면 요셉에게 눈짓을 하며 유혹했다.

그녀는 요셉의 욕정을 자극하기 위해 일부러 몸이 드러나는 옷을 입고 정신을 아득하게 하는 향수를 뿌리고 요셉에게 접근했다. 요셉은 청년으로서 그런 유혹을 이겨 내기가 쉽지 않았다. 게다가 요셉은 형들에게 버림받고 번 이국땅에서 외롭게 지내는 나그네로서 마음의 허전함을 정욕적인 것으로 채우고 싶은 충동을 느끼기도 했을 것이다.

유혹은 함정과도 같고 늪과도 같다. 어떤 여자는 아무 말도 아무런 행동도 하지 않고 그 자리에 그대로 있는데도 남자들에게 엄청난 유혹이 되는 경우도 있다. 말과 행동을 하지 않는다 하더라도 어떤 파장을 내보내고 있기 때문이다. 그런 여자가 말과 행동까지 곁들여 유혹한다면 거기에 넘어가지 않을 남자가 거의 없다. 그런 부류의 여자가 아니라 하더라도 끊임없이 유혹의 말과 행동으로 남자에게 접근하면 십중팔구 남자의 정신은 혼미해지게 마련이다.

프랑스의 빼어난 인문학자 가스통 바슐라르(Gaston Bachelard)는 '엠페도크레스 콤플렉스'에 관해 이야기한다. 엠페도크레스(Empedocles)는 물, 불, 공기, 흙이 만물을 구성하는 네 가지 기본 요소라는 사원소설(四原素說)을 주장한 그리스 자연철학자로 자신의 이론을 입증하기 위해 스스로 화산의 분화구로 뛰어 들어간 사람이다. 우리가 불을 바라보고 있으면 불로 뛰어들고 싶은 묘한 충동을 느끼는데 그런 심리를 엠페도크레스 콤플렉스라고 한다. 황순원은 「독 짓는 늙은이」라는 단편 소설에서 엠페도크레스 콤플렉스를 비장하고 아름답게 잘 형상화했다.

이성간의 유혹에도 엠페도크레스 콤플렉스가 작용하기 쉬운 법이다. 유혹에 넘어가면 분명 위험하다는 것을 뻔히 알면서도 결국 넘어가고 마는 경우가 비일비재하다. 이런 유혹을 이기기 위해서는 무엇보다 자기 정체성과 가치관, 인생관이 견고하게 확립되어 있지 않으면 안 된다.

요셉이 형들에 대한 원망으로 자신의 운명을 한탄하며 자포자기하는 심정에 빠졌다면 보디발 아내의 유혹에 쉽게 넘어갔을 뿐만 아니라 자진해서 애굽의 사창가를 헤매고 다녔을지도 모른다.

그러나 요셉은 아버지 야곱의 신앙을 본받아 자기 정체성과 가치관, 인생관이 확립되어 있었기 때문에 보디발 아내의 유혹을 이겨 낼 수 있었다. 요셉은 동침하자고 하는 보디발 아내의 유혹을 단호하게 거절하며 말했다.

"내 주인이 집안의 모든 소유를 간섭하지 아니하고 다 내 손에 위탁하였으니 이 집에는 나보다 큰 이가 없으며 주인이 아무것도 내게 금하지 아니하였어도 금한 것은 당신뿐이니 당신은 그의 아내임이라 그런즉 내가 어찌 이 큰 악을 행하여 하나님께 죄를 지으리이까"(창 39:8-9)

여기서 보면 요셉은 보디발 집안 청지기로서의 자기 정체성이 뚜렷한 것을 알 수 있다. 주인인 보디발이 자신을 믿고 집안일 전체를 맡겼는데 어떻게 주인의 신뢰를 저버릴 수 있겠느냐는 것이다.

또한 요셉은 하나님 앞에서 산다는 분명한 인생관을 가지고 있었다. 아무도 몰래 보디발 아내와 동침한다고 하더라도 하나님 앞에서는 대낮에 거리에서 행한 것처럼 훤히 드러나게 마련이다. 사람들은 속일 수 있을지 모르나 불꽃 같은 눈으로 지켜보시는 하나님은 절대 속일 수가 없다. 보디발 아내의 유혹에 넘어가는 것은 주인인 보디발에게 죄를 짓는 일일 뿐 아니라 무엇보다 하나님에게 큰 죄를 범하는 일이 된다.

그와 같이 요셉이 분명하게 자신의 결심을 밝혔는데도 보디발의 아내는 끈질기게 날마다 요셉을 유혹하며 동침하자고 했다.

하루는 요셉이 가정총무 일을 보러 집안으로 들어가자 보디발의 아내가 기다리고 있다가 요셉의 옷을 잡아끌어 안방으로 데려가려고 했다. 요셉이 뿌리치고 달아났으나 보디발의 이내가 얼마나 옷을 세게 잡고 있었던지 요셉의 옷이 그녀의 손에 그대로 남고 말았다.

보디발의 아내는 요셉이 자신을 거절한 데 대하여 무안하기도 하고 창피하기도 하고 자존심이 상하기도 하여 앙심을 품고는 오히려 요셉이 자기를 겁탈하려 했다면서 사람들 앞에 요셉의 옷을 증거물로 내어놓았다. 요셉은 꼼짝없이 당할 수밖에 없었다.

요즈음 여자에 대한 남자의 성폭력은 지탄을 받고 사회문제화 되고 있다. 반면에 남자에 대한 여자의 성폭력은 그리 주목을 받지 못한다. 여자가 남자를 유혹해 놓고 보디발의 아내처럼 농간을 부린다면 오히려 남자가 억울하게 누명을 쓸 수도 있다. 실제로 그런 일들이 종종 벌어지고 있는 실정이다. 그러므로 남자들은 유혹의 지뢰밭에서 정신을 바짝 차리고 한 걸음 한 걸음 조심하지 않으면 안 된다.

PART 4

사사 시대

네 이웃의 아내를 탐하지 말라

네 이웃의 아내를 탐내지 말지니라 네 이웃의 집이나
그의 밭이나 그의 남종이나 그의 여종이나 그의 소나
그의 나귀나 네 이웃의 모든 소유를 탐내지 말지니라
신명기 5장 21절

14

레위기의
성범죄 규정

흔히 성서에서 율법이라고 번역되어 있는 용어는 단순히 법률이라고 말할 수 없는 다의적인 내용을 가지고 있다. 율법에 해당하는 히브리어 '토라(Torah)'는 모세 오경을 가리키는 말로 주로 사용되었다. 율법을 좀 더 세분해서 보면 지침, 계시, 규례, 말씀 등등의 의미를 지니고 있다.

율법의 사회적 기능에 초점을 맞춘다면 법률, 혹은 법전의 의미가 부각된다. 루소(Jean Jacques Rousseau)를 비롯한 법학자들의 사회계약론에 의하면 법률이라는 것은 사회 구성원들 사이에 계약의 성격을 띠고 있다.

그런데 이스라엘 민족이 출애굽하여 하나의 독립된 사회를 이루어 가는 과정에서 형성된 법률은 사회 구성원 간의 계약에 기초한 것이 아니라 여호와 하나님과의 계약에 기초하고 있다. 「출애굽기」 19장 5절에 보면 "너희가 내 말을 잘 듣고 내 언약을 지키면 너희는 모든 민족 중에서 내 소유가 되겠고"라는 구절이 있는데 율법의 계약적 성격을 잘 나타낸다.

모세 오경에 기록되어 있는 법전들을 그 특징에 따라 구분하면 계약 법전, 신명기 법전, 성결 법전, 제사 법전 등으로 나눌 수 있다. 계약 법전은 출애굽기에 기록되어 있는 법전을 가리키고, 성결 법전과 제사 법전은 레위기에 기록되어 있는 법전을 가리킨다.

자고로 법전에서 빠질 수 없는 것은 성범죄와 관련된 조문들이다. 성서의 법전들에서는 성범죄와 관련하여 어떠한 조문들이 있는가 살펴보고자 한다.

법전의 대강령인 십계명은 성범죄에 대하여 두 계명을 선언하고 있다. "간음하지 말라"는 제7계명과 "네 이웃의 아내를 탐하지 말라"는 제10계명이다.

간음은 부적절한 관계의 남녀 쌍방이 성행위로 돌입하는 경우를 가리키는 데 반해, 이웃의 아내를 탐하는 것은 실제 행위와는 상관없이 마음속으로 이웃의 아내와 교합을 원하는 경우를 가리킨다.

예수도 이와 비슷한 말씀을 했다. "또 간음하지 말라 하였다는 것을 너희가 들었으나 나는 너희에게 이르노니 음욕을 품고 여자를 보는 자마다 마음에 이미 간음하였느니라"(마 5:27-28) 예수는 십계명 중 제7계명과 제10계명을 하나의 범주로 묶은 셈이다.

간음을 하게 되면 피해 당사자의 고소에 의해 법적인 처벌(지금은 간통죄가 사라져 민사 소송만 가능하다)을 받게 되지만, 마음속으로 이웃의 아내에 대해 음욕을 품었다 하여 법적인 처벌을 받게 되는 것은 아니다. 법적인 처벌이 따르지 않기 때문에 그러한 음욕에 대해 스스로 관대하기 쉬우나 계약 법전에 의하면 반드시 신의 심판이 있게 마련이다. 모든 행위는 마음속에서부터 싹튼다고 볼 때 제10계명은 간음의 싹을 미리 자르라는 명령이기도 하다.

성결 법전에 해당하는 「레위기」 18장은 근친상간에 대한 금지 규정들이 세세히 기록되어 있다. 근친상간을 해서는 안 되는 대상들로는 모친, 계모, 친누이, 손녀나 외손녀, 이복누이, 고모, 이모, 부친 형제들의 아내, 며느리, 친형제들의 아내, 처제나 처형 등이다.

그런데 특이한 금지 규정이 여러 근친상간 규정들 가운데 들어 있다. "너는 여인과 그 여인의 딸의 하체를 아울러 범하지 말며 또 그 여인의 손녀나 외손녀를 아울러 데려다가 그의 하제를 빔하지 말라 그들은 그의 살붙이이니 이는 악행이니라"(레 18:17) 한 남자가 딸을 가진 어느 여인과 교합할 때 그 딸을 아울러 범하지 말라는 말이다. 또한 손녀나 외손녀를 데리고 있는 여인과 교합할 때도 그 손녀나 외손녀를 아울러 범하지 말라고 했다.

남자가 상대하는 여인이 아내인 경우는 딸과의 근친상간을 금지하는 규정이 되겠지만, 아내가 아닌 경우는 남자와 여인의 딸 사이에 아무런 근친 관계도 성립되지 않는다. 하지만 그런 경우에도 여인과 그 딸이 근친 관계이기 때문에 남자가 그 둘을 함께 범하는 것은 당연히 금지되어야 한다.

여호와 하나님이 이렇게 세세하게 근친상간에 관해 규정하고 있는 이유는 무엇일까. 그것은 이스라엘 백성들이 살았던 애굽이나 앞으로 들어가 살게 될 가나안 땅에서 근친상간의 풍속이 공공연히 행해지고 있었기 때문이다. "너희는 너희가 거주하던 애굽 땅의 풍속을 따르지 말며 내가 너희를 인도할 가나안 땅의 풍속과 규례도 행하지 말고 너희는 내 법도를 따르며 나의 규례를 지켜 그대로 행하라 나는 너희의 하나님 여호와이니라"(레 18:3-4)

또한 동성애 금지 규정들이 근친상간 금지 규정들에 이어서 나오고 있다. 그 다음에 수간(獸姦) 금지 규정들이 기록되어 있다. "너는 짐승과 교합하여 자기를 더럽히지 말며 여자는 짐승 앞에 서서 그것과 교접하지 하지 말라 이는 문란한 일이니라"(레 18:23)

이 규정에서는 처벌 조항이 생략되어 있으나 「레위기」 20장 15절과 16절에는 수간에 대한 처벌 조항이 기록되어 있다. "남자가 짐승과 교합하면 반드시 죽이고 너희는 그 짐승도 죽일 것이며 여자가 짐승에게 가까이 하여 교합하면 너는 여자와 짐승을 죽이되 그들을 반드시 죽일지니 그 피가 자기들에게로 돌아가리라"(레 20:15-16)

이스라엘 민족처럼 유목민으로 살아갈 때는 남자들이 양떼나 다른 짐승떼를 먹이기 위해 초장을 찾아 집을 멀리 떠나 있는 경우가 많다. 그럴 적에 오랫동안 적적한 가운데 욕정을 해결할 길이 없는 남자들이 짐승을 상대로 교합을 하기도 한다. 남자들이 비역질을 할 때처럼 짐승의 항문에 음경을 삽입하여 일종의 자위를 하게 된다. 지금도 유목민 사회에서는 공공연히 수간이 행해지고 있다.

그러한 수간을 남자들만 하는 것이 아니라 여자들도 했던 모양이다. 「레위기」 18장 23절에서 '여자는 짐승 앞에 서서 그것과 교접'이라 운운한 것을 보면 여자들이 어떻게 수간을 했는지 암시되어 있기도 하다. 남자들은 짐승 뒤에서 그 일을 하고 여자들은 짐승 앞에서 했다. 그런데 남자와 여자에게 당한 짐승도 사형의 처벌을 받아야 했으니 짐승의 입장에서는 억울하기 그지없는 일이다.

어떤 학자는 인류의 성병이 유목민들의 수간에서 비롯되었다고 주장하기도 한다. 아닌 게 아니라 현대 인류를 위협하고 있는 에이즈 바이러스도 아프리카 원숭이 바이러스라고 하지 않는가. 원숭이 수간에 의하여 에이즈 바이러스가 인간의 몸속으로 들어왔는지도 모를 일이다.

인간이 자연의 질서를 따라 성행위를 하지 않으면 어떤 모양으로든지 형벌을 받게 마련이다. 짐승을 자위 도구로 삼았다고 하여 사형 처벌을 내렸던 이스라엘은 그야말로 성윤리가 엄격하기 그지없는 사회였음에 틀림없다.

계약 법선이나 성결 법전에 의하면 빌써 죽어 없어졌어야 할 인긴들이 우리 사회에는 아직도 가득하다. 이런 인간들의 죄를 씻기 위한 법전으로 제사 법전이 있었다. 예수가 속죄양이 됨으로써 제사 법전을 완성하여 새 언약 시대를 열었다.

15

처녀성의 상실은
곧 죽음을 의미했다

처녀성에 대한 관념은 나라와 종족의 문화에 따라 달라진다. 결혼 전에 처녀성을 훼손하는 것을 거의 신성모독으로 여겨 철저히 금기시하는 문화권이 있는 반면에 처녀성 자체를 그렇게 중요하게 여기지 않는 문화권도 있다. 심지어 신랑과 교합하기 전에 처녀성을 버리도록 하는 종족들도 있다.

뉴기니아 바나로족은 특이한 혼인 관습을 가지고 있다. 그 종족의 신부는 신랑과 첫날밤을 보내지 않고 아버지의 친구나 아버지와 먼저 교합을 해야 한다. 이때 아버지의 친구나 아버지는 정령(精靈)의 대리자가 된다. 처녀성이 파기되는 장소는 정령을 모시고 있는 사원이다.

신부와 신랑이 교합할 수 있는 시기는 신부가 아버지의 친구나 아버지의 씨를 잉태하여 아들을 낳은 이후이다. 그 아이를 가리켜 '영혼의 아들'이라고 부른다. 영혼의 아들은 친아들이 아니지만 아들로 맞이해야 한다.

이런 극단적인 예가 아니더라도 신부가 첫날밤을 신랑이 아닌 다른 남자와 지내야 하는 관습은 서구를 비롯한 여러 나라에서 발견된다. 신부와 첫날밤을 보낼 수 있는 권리, 즉 초야권(初夜權)을 봉건 영주가 가지고 있는 경우도 있었다.

어떤 모양으로든지 처녀성을 신랑이 아닌 다른 남자가 파기하는 관습을 가리켜 파소의식(破素儀式)이라고 한다. 파소의식은 성인식과도 관련이 있는데 아랍 지역에서는 지금도 여성 음부의 성감대를 베어내는 할례를 행함으로써 일종의 파소의식을 치르는 관습이 남아 있다.

신랑이 아닌 다른 사람이 파소하는 관습은 처녀막의 훼손으로 흐르게 되는 피에 대한 공포 때문이라고 분석하기도 한다. 그 피는 불행을 가져오는 조짐으로 여겨져 불행을 막을 만한 영력을 가진 자가 대신 그 피를 본다는 것이다. 하지만 이것은 초야권 내지는 파소권을 가진 자의 교묘한 합리화일 수도 있다.

이스라엘 사람들은 혼전 순결을 강조하여 처녀성의 상실은 곧 죽음을 의미했다. 처녀성, 혹은 처녀막은 정상적인 혼인 관계에 의해서만 파기될 수 있었다. 결혼 첫날밤에 처녀의 증명을 남기는 것이 참으로 중요했다. 처녀의 증명을 제대로 남겨 놓지 않으면 법적으로 아주 불리한 처지에 놓일 수도 있었다.

신랑이 첫날밤을 보내고 나서 신부가 마음에 들지 않으면 처녀성을 문제 삼아 신부를 버리는 '나쁜 남자'들이 많이 있었던 모양이다. 「신명기」 법전은 그러한 남자들에 관한 규정을 제법 길게 마련해 놓고 있다.

신랑이 신부에게 누명을 씌워 그녀와 첫날밤을 보낼 때에 처녀의 흔적을 보지 못했다고 하면 신부의 아버지는 억울한 사정을 성읍 장로들에게 호소한다. 그때 장로들에게 들고 갈 증거물은 첫날밤 혈흔이 묻은 딸의 잠옷이다. 그 잠옷을 확보하지 못한 신부의 아버지는 법정에 호소할 근거가 없게 된다.

장로들이 성읍 문에서 신랑과 신부 아버지의 말을 듣고 증거물을 살핀 다음 판결을 내린다. 신부가 처녀였음에도 불구하고 신랑이 신부에게 누명을 씌운 경우에는 신랑을 잡아 매를 때리는 형벌을 가한다.

그리고 100세겔(세겔은 은화의 일종으로 두 세겔이 숫양 한 마리 값에 해당한다)의 벌금을 신부의 아버지에게 지불하고 일생 동안 신부를 버리지 못하는 벌(?)을 당하게 된다. 같이 살기 싫은 여자와 평생을 살아야 하니 그보다 더한 벌도 없을 것이다.

그런데 장로들이 조사해 본 결과 신랑이 신부에게 누명을 씌운 것이 아니라 신부가 정말로 처녀가 아니었다는 사실이 판명되면 사람들이 신부를 집에서 끌어내어 돌로 쳐 죽이는 석형을 가하게 된다.

비록 신부가 처녀가 아니더라도 신랑이 입을 다물어 주면 형벌을 면할 수도 있다. 예수의 어머니 마리아가 첫날밤을 보내기도 전에 임신했다는 소식을 듣고 가만히 파혼을 하려고 했던 요셉이 그런 남자들의 부류에 들 것이다.

지금도 이슬람권에서는 「신명기」 법전의 규정대로 처녀가 아닌 신부에게 석형을 가하는 나라들이 있다. 과부로 있다가 임신을 하게 되는 경우도 마찬가지이다.

하지만 처녀의 증명을 어떻게 남기느냐 하는 것은 간단한 문제가 아니다. 요즈음은 과학의 진전으로 처녀막은 성교를 통하지 않고도 얼마든지 파열될 수 있다는 사실이 밝혀져 있다. 과도한 운동이라든지, 오래 서 있는 직업에 종사한다든지, 자위행위로 인한 손상이라든지 여러 원인으로 처녀막은 순결의 상실과는 상관없이 파열될 수 있는 법이다. 성형수술의 발달로 처녀막 복원 수술까지 가능하게 된 이런 시대에 처녀막의 유무를 가지고 순결을 따지는 것은 난센스에 불과하다.

처녀막의 파열로 인한 혈흔이 처녀의 유일한 증명이라면 처녀이면서도 억울하게 석형을 당한 이스라엘 여자들이 무수히 많았을 것이다. 또한 처녀인 여자가 남자와 약혼한 후에 어떤 남자가 그녀를 성읍에서 만나 교합하게 되면 두 사람은 돌에 맞아 죽게 된다. 남자에게 강간을 당한 경우라 해도 소리를 지르지 않았다면 어떤 하소연도 통하지 않는다. 일을 당할 때 다른 사람들에게 도움을 청하는 소리를 질렀느냐 하는 것이 법률적 판단의 중요한 근거가 되는 셈이다.

그러나 남자가 처녀를 들에서 만나 강간한 경우는 여자가 소리를 질렀느냐 지르지 않았느냐 하는 것이 그리 문제가 되지 않는다. 왜냐하면 성읍 밖 들에서는 여자가 소리를 질러도 도와주려고 달려올 자를 기대하기가 힘들기 때문이다. 이 경우는 남자만 석형을 당하고 여자는 살게 된다.

남자가 약혼하지 않은 처녀를 만나 간통을 하다가 현장에서 들키게 되면 50세겔을 처녀의 아버지에게 지불하고 그녀를 아내로 삼아 일생 동안 버리지 말아야 한다. 하지만 남자가 이미 결혼한 유부녀와 간통을 하게 되면 여자와 함께 석형을 당해 죽게 된다. 이와 같이 성행위 대상이 약혼하지 않은 처녀인가 유부녀인가에 따라 남자의 생사가 결정된다.

「신명기」 법전에 보면 몽정을 한 남자에 대한 규정도 있다. "너희 중에 누가 밤에 몽설함으로 부정하거든 진영 밖으로 나가고 진영 안에 들어오지 아니하다가 해 질 때에 목욕하고 해 진 후에 진에 들어올 것이요"[신]

(23:10-11) 월경을 하는 여자가 부정한 것처럼 몽정을 한 남자도 부정하다고 했다.

월경인 경우는 대개 일주일간 부정하나 몽정인 경우는 하루만 부정하다. 여자는 한 달에 한 번 월경을 하지만 청장년들은 한 달에 몇 번씩 몽정을 하므로 부정한 날수로 따지면 둘 다 어슷비슷하겠다.

이와 같이 몽정을 한 남자에 관한 규정까지 있는 것을 보면 신명기 법전은 꼼꼼하기 이를 데 없다. 하긴 대변을 누는 방식에 관한 규정까지 있으니 말해 무엇하리요. 몽정 규정에 바로 이어 대변 규정이 나온다. "네 진영 밖에 변소를 마련하고 그리로 나가되 네 기구에 작은 삽을 더하여 밖에 나가서 대변을 볼 때에 그것으로 땅을 팔 것이요 몸을 돌려 그 배설물을 덮을지니"(신 23:12-13)

수십만 명이 출애굽하여 가나안으로 향하는 여정에 있었으므로 화장실 문제가 심각하지 않을 수 없었다. 대변을 어떻게 처리하느냐에 따라 전체 위생이 크게 좌우되므로 이런 규정이 반드시 있어야만 했다.

처녀성과 관련하여 잔혹하리만큼 엄격하게 법적 조치를 취한 것도 이스라엘의 그 당시 상황으로서는 합당한 이유가 있었을 것이다. 대변 규정에서도 알 수 있듯이 법은 대부분 시대의 산물이다. 시대의 산물인 법을 초시대적으로 절대화하는 데서 많은 오류가 범해지고 있다.

예수는 간음하다가 현장에서 잡힌 여자를 앞에 두고도, 율법 규정을 내세우는 이스라엘 종교에 맞서 "죄 없는 자가 먼저 돌로 쳐라"(요 8:7)라고 참으로 혁명적인 발언을 했다.

16

여자에게 약한
삼손 콤플렉스

이스라엘 백성이 출애굽하여 40년 동안 광야를 배회하다가 모세의 후
계자인 여호수아의 지휘를 받으며 가나안 땅을 정복하게 된다. 땅을 정복
한 다음에 가장 중요한 문제로 떠오른 것은 토지 분배였다. 성막 제사를
감당해야 하는 레위 지파를 제외하고 열두 지파별로 땅을 골고루 분배하
는 과정이 「여호수아」에 세세하게 기록되어 있다. 「여호수아」는 그야말로
토지 분배 문서라고 해도 과언이 아니다.

여호수아가 죽자 이스라엘은 강력한 리더십을 잃어버렸다. 그때그때
지도자가 일어나지 않은 것은 아니지만 모세와 여호수아의 리더십에 비
하면 빈약하고 분산된 편이었다.

왕이라는 강력한 통치 체제가 세워지기 전의 시기를 가리켜 사사(土
師) 시대라고 한다. 사사는 원래 중국 주나라 때 백성들을 재판하여 형벌
을 주던 관리를 가리키는 말이었다. 그 용어를 '쇼페트'라는 히브리어를

번역할 때 차용했다. 쇼페트는 주나라의 사사가 그러했듯이 백성들을 재판하고 지도하는 일을 했다.

헬라어나 라틴어 번역에서는 재판관의 의미가 더욱 부각되어 있고, 한국에서도 사사 대신에 판관이라는 용어를 사용하는 학자도 있다. 사사 시대를 대략 BC 1390년에서 1050년까지로 잡는다.

이 시대의 특징을 사사기 맨 마지막에서 이렇게 요약해 놓았다. "그때에 이스라엘에 왕이 없으므로 사람이 각기 자기의 소견에 옳은 대로 행하였더라"(삿 21:25) 사람들이 한 리더십 아래 모이지 않고 각기 자기 주관대로 살았다는 뜻이다. 사무엘까지 합하여 대략 15명의 사사들이 등장하는데 어떤 사사들은 이름만 기록되어 있을 뿐 활동상이 거의 소개되어 있지 않다.

사사들 중에서 가장 특이한 인물은 '삼손'이다. 삼손의 이름은 '작은 태양'이라는 뜻이다. 그는 이름 그대로 큰 태양은 되지 못하고 작은 태양으로 이스라엘 사람들에게 희망의 불씨를 안겨 주었다. 이스라엘이 블레셋의 지배를 받고 있는 상황에서 삼손이 단독으로 블레셋에 대항하여 민족의식을 새롭게 일깨워 준 것이다.

블레셋은 팔레스타인을 음역한 말인데 사사 시대부터 이스라엘과 팔레스타인 간에 갈등과 쟁투가 시작된 셈이다. 민족의식을 일깨웠다는 면에서 삼손은 한국의 안중근 같은 존재라고 할 수 있다. 하지만 삼손은 안중근과는 달리 생활에 절제가 부족했던 흠이 있다. 무엇보다 블레셋 이방 여자 들릴라에 빠져 한때 분별력을 잃기도 했다.

처음에 삼손이 딤나 지역의 블레셋 여자를 아내로 삼은 것은 그 여자에게 마음이 끌렸기 때문이 아니었다. 블레셋 사회로 들어가 그들 속에

섞여 살면서 복수할 기회를 노리기 위해 일부러 블레셋 여자를 택했다. 삼손의 속마음을 모르는 부모는 할례 받지 않은 이방 족속의 딸과 결혼한 다 하여 삼손을 나무라기도 했다.

결혼을 강행한 삼손은 딤나 지역 처가로 내려가서 수수께끼 놀이를 통해 블레셋 사람들을 골탕 먹이려고 했다. 수수께끼는 "먹는 자에게서 먹는 것이 나오고 강한 자에게서 단것이 나왔느니라"(삿 14:14) 하는 것이었 다. 7일 만에 알아맞히지 못하면 블레셋 사람 30명이 삼손에 베옷 30벌 과 겉옷 30벌을 주어야만 했다. 그들이 알아맞히면 삼손이 그들에게 그 만한 분량의 옷을 주기로 했다.

블레셋 사람들은 7일이 지나도 수수께끼를 알아맞히지 못하자 삼손 의 아내를 협박하여 수수께끼의 답을 알아 오도록 했다. 만약 알아 오지 않으면 그 여자와 아비의 집을 불태워버리겠다고 했다. 이에 삼손의 아내 는 잠자리에서 가련하게 우는 척하며 말했다. "당신이 나를 미워할 뿐이 요 사랑하지 아니하는도다 우리 민족에게 수수께끼를 말하고 그 뜻을 내 게 알려 주지 아니하도다"(삿 14:16)

아내의 눈물을 보자 마음이 약해지기 시작한 삼손이 마음을 다잡으며 대답했다. "보라 내가 그것을 나의 부모에게도 알려 주지 아니하였거든 어찌 그대에게 알게 하리요"(삿 14:16) 하지만 계속 간청하는 아내를 이기지 못하고 삼손은 잔치 자리에서 그만 수수께끼의 답을 말해 주고 말았다. 삼손은 자기가 블레셋 여자와 결혼한 이유를 잠시 잊었던 것이다.

삼손의 아내에게서 수수께끼의 답을 알아낸 블레셋 사람들이 그날 해 지기 전에 삼손에게 대답했다. "무엇이 꿀보다 달겠으며 무엇이 사자보 다 강하겠느냐"(삿 14:18) 삼손이 블레셋 여자와 결혼하려고 딤나로 내려오는 도중에 포도원에서 어린 사자 새끼를 만났다. 사자가 삼손에게 덤벼들자 삼손이 그 입을 찢어 죽여 버렸다.

며칠 후 부모 집으로 가는 길에 포도원을 다시 들러 보니 사자의 시체에 벌떼가 모여 있고 꿀이 가득 고여 있었다. 삼손은 꿀을 손으로 떠서 먹고 기운을 차려 집에 도착하여 가지고 온 꿀을 부모에게 드렸다.

그 일을 수수께끼로 만든 것인데 블레셋 사람들이 정확하게 맞혔다. 삼손은 그들에게 약속한 옷들을 주어야만 했다. 블레셋 사람들이 자기 아내를 이용하여 답을 알아낸 사실을 눈치채고 삼손은 화가 나서 아내를 버려두고 부모의 집이 있는 소라 지역으로 올라가 버렸다. 여자의 부모는 삼손의 그런 행실이 서운하여 자기 딸을 다른 남자에게 아내로 주었다.

얼마 후 화가 풀린 삼손이 염소 새끼를 안고 딤나로 내려와 아내를 찾았다. 아내의 침실로 들어서려는 삼손을 장인이 가로막으며 자초지종을 이야기했다. 삼손을 달래기 위해 다른 딸을 아내로 주겠다고까지 했다. 삼손은 아내를 내놓으라고 장인과 옥신각신하다가 분노하여 블레셋 사람들의 곡식밭을 불태워 버렸다.

이런 과정에서 블레셋과 이스라엘 사이에 전쟁이 일어났다. 블레셋 군대가 유다 지역에 진을 치고 쳐들어올 기세를 보이자 유다 사람들이 화근의 원인인 삼손을 결박하여 블레셋 군대에 넘김으로 위기를 모면했다. 삼손은 자기를 묶은 밧줄을 불탄 삼줄 끊듯이 풀어 버리고 나귀의 턱뼈를 주워 휘두르며 블레셋 사람 천 명을 쳐죽였다.

그것으로 끝났으면 좋으련만 삼손은 딤나에서 저질렀던 실수를 또 다시 범하게 된다. 소렉 골짜기로 내려갔을 때 삼손은 들릴라라는 여자를 보고 반해 버렸다. 딤나 여자와 결혼할 때는 블레셋을 친다는 전략이 있었는 데 반해 이번에는 욕정이 앞섰음에 틀림없다.

삼손이 들릴라에 빠져 지낸다는 것을 알고 블레셋 사람들이 들릴라를 통해 삼손이 가지고 있는 힘의 비결을 알아내려고 했다. 들릴라가 삼손을 애무해 가며 간드러진 목소리로 어떻게 그런 힘이 나오느냐고 물었다. 딤나에서 실수한 경험이 있는 삼손은 이번에는 좀체 가르쳐 주지 않았다.

세 차례나 엉뚱한 답을 하여 들릴라를 골탕먹이자 들릴라도 딤나 여자처럼 앙탈을 부리기 시작했다. "당신의 마음이 내게 있지 아니하면서 당신이 어찌 나를 사랑한다 하느냐 당신이 이로써 세 번이나 나를 희롱하고 당신의 큰 힘이 무엇으로 말미암아 생기는지를 내게 말하지 아니하였도다"(삿 16:15) 다시금 마음이 약해진 삼손은 들릴라에게 자기 힘의 비결이 머리카락에 있음을 알려 주고 말았다. 그것이 결국 삼손을 파국으로 몰아넣고 만 셈이다.

침실에서 여자에게 잘못 속삭이다가 패가망신한 남자가 많다. 평소에는 강하다가도 침실에서는 여자에게 약해져서 분별력을 잃고 마는 심리를 '삼손 콤플렉스'라고 이름 붙일 만하다.

17

강간당한 첩의 시신을
열두 조각으로

강간과 토막 시체. 생각만 해도 끔찍하다. 사람들에게 충격을 주었던 '인체의 신비전'에서는 서양인의 시신이 세로로 14개의 절편으로 쪼개져 전시되어 있었다. 정교하게 쪼개지고 방부제 처리가 잘 되어 있어 섬뜩하다는 느낌은 덜한 편이었다.

그런데 남자들에게 강간당한 자기 첩의 시신을 열두 조각으로 토막 내어 전국 각지로 보낸 사람이 이스라엘의 사사 시대에 있었다. 어느 책에서도 보기 힘든 끔찍한 사건이 성서에 기록되어 있다.

「사사기」 19장 서두에 의하면 "이스라엘에 왕이 없을 그 때에" 그 사건이 일어났다. 지도자가 없으므로 사람들이 자기 정욕과 고집대로 방자하게 행하여도 통제하기 힘든 시대라는 의미가 담겨 있다.

에브라임 산지 구석에 레위 지파에 속하는 한 남자가 살고 있었다. 그가 유다 베들레헴에서 첩을 취하여 데리고 왔다. 그런데 그 여자가 다른 남자와 간통을 저질러 남편을 떠나 다시 베들레헴 아비 집으로 내려가 지내게 되었다. 남편이 여자를 내쫓았는지, 여자가 남편 보기 민망하여 스스로 고향으로 내려갔는지는 잘 알 수 없으나 넉 달쯤 지나자 남편 마음이 조금 누그러져 여자를 다시 데려오기로 했다.

남자가 하인 한 명과 함께 나귀 두 필을 끌고 베들레헴 장인 집으로 내려가서 여자를 만났다. 성서에서는 "그 여자에게 다정하게 말하고"^(삿 19:3)라고 했는데, 용서와 화해의 말을 했던 모양이다. 자기 잘못으로 남편에게 버림을 받았다고 생각했던 여자는 감격하여 남편을 친정집으로 인도했다. 장인도 남자를 환영하여 융숭하게 대접해 주었다.

남자가 사흘을 머물다가 여자를 데리고 에브라임으로 돌아가려 하자 장인이 하루 더 쉬었다 가라고 간곡히 만류했다. 그러기를 장인이 여러 차례 되풀이하여 남자는 결국 며칠 더 머무르게 되었다.

남자가 장인에게 하직 인사를 하고 여자와 하인과 함께 에브라임으로 돌아가는 도중에 베냐민 지파에 속하는 기브아에서 하룻밤을 묵었다. 어느 노인 집에 들어가 음식을 먹고 발을 씻고는 잠을 자려고 하는데 동네 불량배들이 집을 에워싸고 노인에게 시비를 걸었다. "네 집에 들어온 사람을 끌어내라 우리가 그와 관계하리라"^(삿 19:22)

이 장면은 천사들이 소돔의 롯의 집에 머물 때 일어난 사건과 아주 흡사하다. 소돔 사람들도 손님을 끌어내어 "상관하리라"고 했다. 롯은 손님들을 구하기 위해 자기 딸을 내어 주겠다고 했다. 기브아에서도 노인이 손님 남자를 구하기 위해 자기 딸을 내어놓겠다고 했다.

불량배들이 노인의 제안을 거부하자 남자가 할 수 없이 자기 첩을 그들에게 내어 주었다. 그들은 밤새도록 여자를 상대로 윤간(輪姦)을 저질렀다. 여자가 숨이 끊어지기 직전까지 돌아가면서 성폭행을 하였으니 얼마나 많은 남자가 여자를 범하였는지 모른다.

새벽 미명까지 그 짓을 하다가 불량배들이 여자를 놓아주었다. 여자는 기다시피 하여 남편이 기거하는 집 문 앞에 이르러 고꾸라지고 말았다. 남자가 아침 일찍 나가 보니 여자가 엎어져 있어 일어나라고 했으나 아무 대답이 없었다.

남자는 첩의 시체를 나귀에 싣고 에브라임 자기 집으로 돌아와서 칼을 들어 열두 토막으로 쪼개었다. 이스라엘 열두 지파에게 각각 보내기 위해서였다. 기브아의 불량배들이 자기 첩에게 어떤 짓을 했는지 시체 토막으로 생생히 증거하고자 함이었다.

시체 토막을 전해 받은 각 지파의 사람들이 한결같이 혀를 차며 말했다. "이스라엘 자손이 애굽 땅에서 올라온 날부터 오늘날까지 이런 일은 일어나지도 아니하였고 보지도 못하였도다"(삿 19:30) 전대미문의 엽기 사건이 발생했다는 뜻이었다. 게다가 여자의 시체를 열두 토막으로 쪼개어 전국을 상대로 일종의 극렬 시위를 벌인 일도 지금까지 없었다.

하긴 요즈음도 시신 시위라는 것이 있다. 어떤 목적을 위해 투쟁하다가 장렬하게 몸을 내던진 사람의 시신을 앞세우고 시위를 계속 이어 가는 경우는 종종 보아 왔다. 하지만 시신을 열두 토막 내어 자기 뜻을 관철시키고자 시위를 벌인 사례는 동서고금 어디에서도 찾아보기 힘들다.

토막 시체를 본 사람들은 흥분하지 않을 수 없었다. 각 지파에서 인구 십분의 일에 해당하는 사람들이 칼을 들고 모여들어 순식간에 40만 명이나 되었다. 그들이 기브아 지방으로 몰려가 베냐민 지파 사람들에게 여자에게 성폭행을 행한 불량배들을 내어놓으라고 했다. 처음에는 불량배들만 처단하려고 했으나 기브아 사람들이 말을 듣지 않자 결국 베냐민 지파 전체를 상대로 싸우게 되었다.

칼을 들어 싸울 수 있는 베냐민 지파 사람들의 수는 대략 3만 3천 명 정도였다. 그런 병력으로 40만 대군과 맞선다는 것은 거의 불가능했으나 베냐민 지파 사람들은 작전을 잘 짜서 초기에는 40만 대군에게 큰 피해를 입히는 전과(戰果)를 세웠다. 하지만 전투가 계속될수록 베냐민 지파가 불리하게 되어 마침내 씨가 남지 않을 지경이 되고 말았다.

여기서 특이한 점은 이스라엘의 다른 지파들이 베냐민 지파와 싸워 대승을 거두고 나서도 베냐민 지파가 안쓰러워 눈물을 흘렸다는 사실이다. 눈물을 흘린 정도가 아니라 대성통곡을 했다. "백성이 벧엘에 이르러 거기서 저녁까지 하나님 앞에 앉아서 큰 소리로 울며 이르되 이스라엘의 하나님 여호와여 어찌하여 이스라엘에 이런 일이 생겨서 오늘 이스라엘 중에 한 지파가 없어지게 하시나이까"(삿 21:3)

그들은 비록 전쟁에서는 적으로 싸운 베냐민 지파이긴 하지만 같은 동족이 씨가 마를 정도로 처참하게 된 사실로 인하여 마음 아파했다. 그 다음부터는 어떻게 하면 베냐민 지파가 이스라엘에서 사라지지 않고 살아남아 있도록 할 것인가 민족 전체가 고민하며 묘책을 짜내었다.

우선 베냐민 지파가 사라지지 않도록 하려면 얼마 남지 않은 베냐민 남자들이 아내를 얻어 씨를 이어 나가게 해야만 했다. 그런데 전쟁 중에 베냐민 여자들도 거의 죽고 이스라엘 나머지 지파들도 베냐민 지파 남자에게는 자기 딸을 주지 않기로 성급하게 하나님 앞에 맹세했기 때문에 살아남은 베냐민 남자들이 아내를 얻을 길이 묘연했다.

결국 이스라엘 지파들이 묘책을 짜내어 전쟁에 참여하지 않은 야베스 길르앗 사람들을 응징한다는 명목으로 그곳으로 쳐들어가 남자와 유부녀들을 다 죽이고 처녀 400명만 포로로 잡아와서 베냐민 지파 남자들에게 아내로 주었다.

그래도 모자라자 이번에는 베냐민 남자들에게 실로 지역 명절 축제 때 포도원에 숨어 있다가 춤추러 나오는 여자들을 보쌈해 오라고 부추겼다. 여자의 아비나 형제가 항의하면 자기들이 잘 수습하겠다고까지 했다.

베냐민 남자들은 그 지시대로 실로 포도원에 숨어 있다가 축제 분위기에 들떠서 춤추러 나오는 여자들을 납치하여 아내로 삼아 버렸다. 그리하여 베냐민 지파는 보존되고 이스라엘 각 지파도 본연의 자리로 돌아가게 되었다.

이것이 「사사기」 끝 대목에 기록되어 있는 사건이다. 「사사기」 마지막 21장은 19장 서두와 마찬가지로 이런 구절로 마무리되고 있다. "그 때에 이스라엘에 왕이 없으므로 사람이 각기 자기의 소견에 옳은 대로 행하였더라"

18

이보다 더 애틋한
에로티즘은 없다

한밤중 보리 타작마당이다. 타작이 덜 끝난 보리들은 여기저기 낟가리를 이루고 있다. 보리 냄새가 물씬 밤의 대기로 퍼져 나간다. 그 낟가리들 사이에서 한 남자가 보리를 도둑들로부터 지키기 위해 간이 침상을 만들어 이불을 덮은 채 자고 있다.

어두움 속에서 한 여인이 살금살금 남자에게로 다가온다. 여인은 방금 목욕을 하고 기름을 발랐는지 몸에서 향유 냄새가 얼핏얼핏 풍겨 나온다. 남자는 여자가 다가와도 세상모르고 자고 있다. 타작을 도운 일꾼들과 저녁을 맛있게 먹고 포도주도 거나하게 마신 모양이다. 코 고는 소리까지 들린다.

여인이 남자의 발끝을 덮고 있는 이불을 살며시 들치고 몸을 밀어 넣는다. 여인이 남자 옆에 나란히 누웠는데도 남자는 의식하지 못한다. 여인은 참으로 오랜만에 남자 옆에 누워 남자의 체취를 맡자 심장이 마구 두근거린다.

초봄 밤하늘의 별들이 초롱초롱 빛나고 있다. 여인은 자기가 지금 무슨 짓을 하고 있는지 잠시 회의가 들기도 한다. 이렇게 무작정 외간남자 옆에 몰래 와서 누워 있어도 되는 것인지, 남자가 깨어나 어떤 반응을 보일지 혼란스럽기만 하다.

여인은 몇 해 전에 죽은 남편의 품에 안겼던 순간들을 떠올리며 어둠 속에서 얼굴이 붉어진다. 이 여인의 이름은 '룻'이다. 룻이라는 이름은 '회복'이라는 뜻이다. 이름 그대로 여인은 몰락한 가문을 회복하는 일을 해 내었다.

사사들이 이스라엘을 다스리던 시절에 크게 흉년이 들었다. 베들레헴에 살고 있던 엘리멜렉이라는 사람이 기근을 피하여 아내 나오미와 두 아들을 데리고 모압 지방으로 가서 살게 되었다.

거기서 엘리멜렉은 일찍 죽고 두 아들 말론과 기룐이 각각 아내를 얻었다. 말론의 아내가 룻이었고 기룐의 아내는 오르바였다. 그런데 설상가상으로 두 아들마저 자식을 낳기도 전에 객지에서 죽어 집안에는 세 과부만 남게 되었다.

나오미는 하나님의 백성이 사는 땅을 떠나 이방 땅 모압으로 옮겨 온 죄로 인하여 하나님이 자기 집을 치셨다는 생각이 들기도 했다. 그런데 반갑게도 이스라엘 땅에서 흉년이 물러가고 풍년이 들었다는 소식이 들려왔다. 나오미는 두 며느리와 함께 고향으로 돌아가는 도중에 두 며느리더러 각각 좋은 남자를 만나 잘 살라면서 자기를 떠나가도록 했다.

그러자 두 며느리는 소리 높이 울며 시어머니를 떠나지 않겠다고 했다. 나오미는 다시금 두 며느리에게 간곡한 말로 권하여 친정으로 돌아가라고 했다. 결국 오르바는 자기 집으로 돌아가고 룻만은 끝까지 시어머니를 따라 이스라엘 유다 땅 베들레헴으로 돌아왔다.

히브리어 '벧'은 집이라는 뜻이다. '벧엘'은 하나님의 집, '베데스다'는 자비의 집이다. 베들레헴은 떡집이라는 뜻으로 지명에서 알 수 있듯이 보리와 밀 농사로 유명한 곳이었다.

나오미와 룻은 보리를 추수할 무렵 베들레헴에 도착했으므로 엘리멜렉 소유의 땅이 있긴 했지만 농사를 지을 여유가 없었다. 우선은 다른 사람들의 밭에서 보리 이삭을 주워 연명해야만 했다. 가난한 자들이 남의 밭에서 이삭을 주울 수 있는 권리는 「레위기」 성결 법전과 「신명기」 법전에 명문화되어 있다.

"너희가 너희의 땅에서 곡식을 거둘 때에 너는 밭 모퉁이까지 다 거두지 말고 네 떨어진 이삭도 줍지 말며 네 포도원의 열매를 다 따지 말며 네 포도원에 떨어진 열매도 줍지 말고 가난한 사람과 거류민을 위하여 버려두라 나는 너희의 하나님 여호와이니라"(레 19:9-10)

룻은 베들레헴 유지인 보아스의 밭에 가서 보리 이삭을 주워 와 시어머니를 공양했다. 보아스는 룻의 남편과 시아버지의 가까운 친척으로 룻이 이삭을 많이 주워 가도록 편의를 봐주기도 했다. 룻이 보아스의 밭에 다녀오고 보아스가 룻을 잘 대해 준 사실을 알게 된 나오미는 룻과 보아스를 맺어 주려고 계책을 짜내었다.

이스라엘 법전 중 가족법에 해당하는 대목에는 '고엘 제도'라는 것이 있다. 친족의 구성원은 다른 구성원을 보호할 책임이 있다는 것이다. 자식 없이 미망인이 된 형수와 결혼하여 자식을 잇게 해 주는 수혼도 고엘 제도의 일종이다.

나오미는 자손이 끊어진 가문을 이어 가기 위해 룻과 결혼하여 '고엘'을 해 줄 남자로 보아스를 꼽고는 룻이 어떻게 보아스에게 접근해야 하는지 가르쳐 주었다.

룻은 지금 시어머니가 가르쳐 준 대로 보아스가 자고 있는 자리로 가만히 다가와 발치에 누워 있다. 보아스는 여전히 잠에 곯아떨어진 채 몸을 뒤척이기도 했다. 보아스가 몸을 돌리며 잠결에 팔이나 발을 뻗어 룻을 안아도 룻은 아무 소리도 못하고 숨을 죽이고 있어야만 했다. 보아스의 숨결을 느끼고 그의 몸이 자기에게 닿을 때 룻은 가슴이 터질 것만 같았다.

마침내 보아스가 발치에 누가 누워 있는 기척을 느끼고 눈을 뜨고는 깜짝 놀랐다. "네가 누구냐"(룻 3:9) 순간적으로 보아스는 몸을 파는 창녀가 자기를 유혹하려고 타작마당에까지 들어온 것이 아닌가 싶었다.

이미 보아스의 상체는 반쯤 일어나 있었다. 그러나 룻은 당황하지 않고 그 자리에 누운 채로 침착하게 대답했다. "나는 당신의 여종 룻이오니 당신의 옷자락을 펴 당신의 여종을 덮으소서 이는 당신이 기업을 무를 자가 됨이니이다"(룻 3:9)

보아스도 평소에 룻에게 관심이 없었던 것은 아니었다. 하지만 자기보다 더 가까운 친척이 있어 보아스 자신이 먼저 나서기가 꺼려졌을 뿐이었다. 그러한 사정을 룻에게 이야기한 후 그 친척이 룻을 거두어 줄 의무를 이행하지 않겠다고 한다면 자기가 룻을 거두어 주겠다고 약속했다.

룻은 감사를 표하고 일어나서 타작마당을 떠나려고 했다. 그때 보아스가 룻을 말리며 말했다. "이 밤에 여기서 머무르라 여인이 타작마당에 들어온 것을 사람이 알지 못하여야 할 것이라"^(룻 3:14) 보아스는 이불이 자신의 옷자락인 양 이불 한 끝을 끌어당겨 룻을 덮어 주었다.

룻이 보아스의 발치에 누워 있긴 했지만 한 이불 속에 들어가 있었으니 '나란히' 누웠다고 해도 과언이 아니다. 비록 교합은 하지 않았다 하더라도 성숙한 남녀가 한 이불 속에서 하룻밤을 보낸다는 것은 자못 떨림과 흥분을 안겨 준다. 아마도 두 사람은 두근거리는 서로의 심장을 느끼며 새벽까지 꼬박 뜬눈으로 지새웠을 것이다.

이보다 더 애틋한 에로티즘도 따로 없다. 「룻기」를 가리켜 독일의 문호 괴테는 '이 세상에서 가장 사랑스럽고 완전한 작품'이라고 평했다. 보아스와 룻 사이에서 이새가 태어나고 이새에게서 다윗이 태어났으니 그 야말로 이스라엘 역사의 큰 줄기가 타작마당의 그 이불 속에서 비롯된 셈이다.

에로티즘

성적 사랑과 사랑의 신을 나타내는 그리스어 에로스(Eros)에서 유래된 에로티즘은 남녀의 특별한 즐거움을 위한 책략이 포함되며, 포르노그래피(pornography)와 구별된다. 에로티즘은 죽음까지 인정하는 삶이라고 한 조르주 바타유(Georges Bataille, 1897-1962)는 연속성과 합일 욕구를 지닌 인간이라는 측면에서 성행위뿐 아니라 인간의 모든 활동은 에로티즘과 연계하고 있다고 했다.

국립 도서관 사서 및 중세 전문가였던 바타유는 신비주의와 헤겔 철학, 경제학 등을 섭렵한 프랑스 사상계의 이단아였다. 이를 두고 롤랑 바르트는 그에게 '작가인가 소설가인가? 시인, 경제학자, 철학자, 신비주의자인가?'라고 묻는다면 당혹스러웠을 것이라고 하면서 그는 지속적으로 하나의 유일하고 동일한 텍스트만 썼다고 했다.

바르트의 관점은 상식을 뛰어넘었으며, 죽음, 에로티즘, 쾌락, 종교, 소비, 증여, 금기, 지고성 등 사상적 유산은 후대 푸코, 데리다, 솔레르스, 크리스테바 등에게 영향을 끼쳤다. 고대 그리스의 디오니소스 축제, 기독교 명화, 무신론, 사드, 19세기 현대 미술과 20세기 초의 초현실주의에 이르기까지 폭넓게 고찰하며 에로스-에로티즘과 인간 존재의 실체를 연구하였고, 에로티즘을 자기만의 사유로 구체화하였다.

『에로티즘』(조르주 바타유, 조한경 옮김, 민음사) 참조, 편집부 정리

PART 5

왕조 시대 ❶

당신이 그 사람이라

나단이 다윗에게 이르되 당신이 그 사람이라 이스라엘의
하나님 여호와께서 이와 같이 이르시기를 내가 너를 이스라엘
왕으로 기름 붓기 위하여 너를 사울의 손에서 구원하고
사무엘하 12장 7절

19

죽을 각오로 다윗의 죄를
폭로한 나단

인생에서 실패보다는 오히려 성공을 경계해야 한다는 것은 마음 깊이 새길 교훈이다. 하지만 성공에 도취된 사람들이 이 교훈을 잘 잊어버리고는 한다.

정치 지도자들의 흥망성쇠도 그들이 성공했다고 여길 때 조심하느냐 그렇지 않으냐에 달려 있다. 중국 전국시대 진나라 재상 채택(蔡澤)은 '성공지하 불가지처(成功之下 不可久處)', 즉 성공한 곳에는 오래 머물지 말라고 했다.

이스라엘의 다윗 왕도 어린 시절 아버지 밑에서 목동 일을 할 때나 사울 왕에게 쫓겨 다니며 고생할 때는 자기를 다스리는 절제력이 있었다. 이스라엘을 통일하고 왕이 된 초기에도 긴장을 늦추지 않았다.

그러나 점점 나라가 부강해지고 태평성대가 계속되자 다윗 왕은 그만 절제력을 잃고 심각한 죄에 빠지게 된다. 그런 시기는 대개 정욕으로 인하여 큰 실수를 범하게 되는 법이다. 다윗이 최고사령관 요압과 부하들,

그리고 전 군대를 암몬 전투에 투입하고 나서 승전 소식을 들었을 때 바로 그러한 죄를 짓게 된다.

저녁 무렵 다윗은 왕궁 옥상을 거닐다가 저 아래쪽에서 한 여인이 목욕을 하고 있는 광경을 목격했다. 어느 집들보다 높은 왕궁 옥상에서 내려다보았으니 주변 마을들의 풍경이 한눈에 다 들어왔을 것이다. 목욕을 하고 있는 여인은 멀리서 보아도 심히 아름다운 자태를 하고 있었다.

여인은 계곡 같은 데서 목욕을 했을 수도 있고 자기 집 마당에서 목욕을 했을 수도 있다. 사방으로 둘려 있는 엄폐물(掩蔽物) 내지는 칸막이가 자기를 가려주는 줄 알았지만 저 위에서 몰래 내려다보는 시선은 피할 수가 없었다.

여인이 벗은 몸으로 목욕하고 있는 광경을 훔쳐보는 것은 남자들에게 여간 흥미로운 일이 아니다. 그 흥미는 곧바로 성적 흥분으로 변하게 마련이다. 이런 습관을 들이면 관음증(觀淫症)이란 변태 질환을 앓게 된다.

다윗 왕도 높은 왕궁 옥상을 거닐 수 있는 특권을 교묘하게 이용하여 '관음'을 즐기고 있었는지도 모른다. 여인은 수시로 나와 목욕을 했고 다윗 왕도 수시로 왕궁 옥상을 거닐며 여인을 몰래 훔쳐보는 재미를 맛보았다.

이스라엘 장군과 장병들은 암몬 족속과의 전투를 마무리 짓기 위해 무진 애를 쓰고 있는 마당에 왕이라는 자가 여인이 목욕하는 모습이나 훔쳐보고 있었으니 나라꼴이 제대로 될 리가 없다.

마침내 다윗은 신하를 보내어 여인에 대해 알아보도록 했다. 그 여인은 엘리암의 딸이요 헷 사람 우리아의 아내 밧세바였다. 히브리어로 '벤'

은 아들, '밧'은 딸이라는 뜻이다. '벤허'는 허씨 가문의 아들이고 '빈(벤이 변한 말) 라덴'은 라덴의 아들이다. 밧세바는 세바의 딸이라는 뜻인데 여기 서 '세바'는 가문 이름이 아니라 안식일을 가리킨다. 영어로도 안식일을 '세버스(sabbath)'라고 한다.

안식일은 제7일에 해당하므로 영어의 세븐(seven) 역시 세바에서 나온 말이다. 안식일의 딸이라는 말은 완벽한 딸이라는 의미를 담고 있다. 밧 세바는 이름 그대로 우선 완벽한 미모를 지니고 있었던 모양이다.

밧세바의 남편 우리아는 그 무렵 암몬 전투에 군인으로 참여하고 있 었다. 다윗은 그 사실을 알고 전령을 보내어 밧세바를 왕궁으로 불러들였 다. 그런데 밧세바는 마침 월경 중이었다.

구약의 율법에 의하면 월경 중인 여자는 부정하므로 남자가 가까이 해서는 안 된다. 아마도 피에 대한 기피 심리와 위생상의 이유로 그런 규 정이 생겼을 것이다. 현대 의학에서도 월경 중에는 여성의 자궁을 보호하 기 위해 성교를 피해야 한다는 지침을 내어놓고 있다.

다윗은 밧세바의 월경이 멈추기를 기다렸다가, 다시 말해 부정한 기 간이 지난 후에 밧세바를 침상으로 끌어들여 동침했다. 다윗이 동침을 요 구할 때 밧세바가 어떤 반응을 보였는지는 성서에 기록되어 있지 않다.

다만 「삼국유사」에 나오는 도화녀와는 다른 반응을 보였을 것이 분명 하다. 유부녀인 도화녀는 임금이 동침을 요구하자 남편이 죽고 나면 임금 의 청을 받아들이겠다고 지혜롭게 거부했다. 그런데 임금이 먼저 죽었기 때문에 도화녀는 임금과의 약속에서 자유로워졌다.

나중에 남편도 죽어 도화녀는 과부로 살게 되었다. 그러던 어느 날 임 금이 귀신이 되어 나타나 도화녀에게 이제 남편이 죽었으니 자기와의 약속을 지키라고 요구했다. 귀신이 되었어도 찾아온 것으로 보아 임금이 도화녀에게 얼마나 집착했는가를 알 수 있다.

남편이 살아있을 때는 목숨을 걸고 정절을 지켰던 도화녀와 그렇지 않았던 밧세바는 많은 점에서 대조를 이룬다. 자기 아들 솔로몬을 왕으로 세우기 위해 계책을 부리는 밧세바를 보면 밧세바가 일부러 다윗 왕이 바라볼 수 있는 지점에서 목욕을 한 것이 아닌가 의심이 들 정도이다.

다윗은 밧세바와 동침한 후에 그녀를 집으로 돌려보냈다. 그리고 아무 일이 없었던 것처럼 감추려 했다. 하지만 밧세바가 임신을 하자 그 사실을 다윗에게 알려 주었다. 임신 사실을 곧바로 다윗에게 알려 준 밧세바의 속셈을 알 만도 하다.

다윗은 부담을 느끼고 이 상황에서 벗어날 방도를 모색했다. 그것은 밧세바의 남편 우리아를 전방에서 불러들여 밧세바와 동침하게 함으로 지금 밧세바가 가진 아이가 우리아의 아이로 여겨지도록 하는 것이었다.

다윗은 사령관 요압에게 친서를 보내어 우리아를 예루살렘으로 오도록 하고는 전투 상황들을 물어보는 척한 후에 그를 아내가 있는 집으로 돌아가게 했다. 그러나 충성스런 우리아는 집으로 돌아가지 않고 왕궁 문을 파수하는 자들과 함께 왕궁을 지켰다.

다윗이 그 사실을 알고 우리아에게 따져 묻자 우리아는 나라가 암몬과 전쟁을 치르고 있는데 어찌 자기 혼자 집으로 가서 아내와 동침할 수 있겠느냐고 대답했다. 다윗의 정신 상태와는 사뭇 다른 우리아였다.

결국 다윗은 우리아를 죽여 완전 범죄를 하기 위해 요압에게 또 친서를 보내어 우리아를 최전방으로 보내도록 했다. 요압은 다윗의 지시대로 우리아를 적군의 성벽 바로 밑에까지 보내어 적의 화살에 맞아 죽게 했다. 우리아는 죽는 순간까지도 조국과 다윗을 위해 장렬하게 순국하는 것으로 여겼을 것이다.

우리아가 죽고 밧세바가 남편을 애도하는 기간이 지난 후에 다윗은 밧세바를 불러들여 정식으로 후비로 삼았다. 남편이 죽은 미망인을 후비로 삼았으니 문제될 것이 하나도 없었다. 모든 것이 다윗의 계획대로 진행된 셈이었다.

다윗이 안도의 한숨을 쉬며 두 다리를 뻗고 있을 무렵, 나단 선지자가 다윗을 찾아왔다. 나단은 못된 부자에 관하여 다윗에게 보고하는 척했다. 양과 소가 많은 어느 부자가 손님을 대접하기 위해 새끼 양 한 마리밖에 없는 가난한 자에게서 양을 빼앗아 손님 요리로 내어놓았다는 내용이었다. 다윗은 화를 내며 당장 그 부자를 잡아 죽이라고 다그쳤다.

그러자 나단이 엄숙한 목소리로 말했다. "당신이 그 사람이라"(삼하 12:7) 여기서 다윗이 그 부자에 대하여 그렇게 화를 낸 것은 프로이트(Sigmund Freud)가 말한 '투사 작용(projection)'의 일종이라 할 수 있다. 다윗이 그 부자에게서 자기 모습을 발견하고 화를 낸 셈이었다.

나단은 죽을 각오를 하고 다윗의 숨은 죄를 폭로했다. 다른 왕 같으면 나단을 쥐도 새도 모르게 죽였을 테지만 그래도 다윗은 다시금 하나님 앞에서 죄를 통회했다. 그리하여 「시편」 51편을 비롯한 참회의 시들이 창작되었다. 죄는 은밀하게 지었다 하더라도 결코 숨길 수 없는 법이다.

20

암논의 심리,
에난티오드로미 현상

지금도 아랍 지역에서는 코란의 율법에 따라 한 남자가 네 명까지 아내를 둘 수 있는 것으로 되어 있다. 그런데 이스라엘에서 성왕으로 존경받는 다윗은 적어도 여덟 명 이상의 아내를 두었다. 사울의 딸 미갈, 아히노암, 아비가일(나발의 아내였던 자), 마아가, 밧세바(우리아의 아내였던 자) 등등이 다윗의 아내로서 자식을 낳았다.

수많은 아들 중 아히노암이 낳은 '암논'이 맏아들이었다. 서열로 따지면 그가 다윗의 왕위를 계승할 위치에 있었다. 그러나 암논은 왕위를 계승할 만한 인격은 갖추지 못했던 모양이다.

암논은 이스라엘에 아리따운 여자가 수도 없이 많은데도 하필이면 이복 여동생인 다말에게 반하여 상사병에 걸리고 말았다. 다말은 나중에 다윗에게 반역하는 압살롬의 여동생이다. 압살롬은 다윗의 아내 마아가의 소생으로 다윗에게 셋째 아들인 셈인데 긴 머리에 흠 하나 없이 아름다운 얼굴을 하고 있었다. 너무나 잘생긴 압살롬에게 다윗의 마음이 끌렸음은 두말할 나위가 없다.

그 여동생 다말도 압살롬의 미모를 닮아 아리땁기 그지없었다. 이복 오빠인 암논이 반하여 상사병이 들 정도였으니 다말의 매력이 어떠했는지 짐작할 만하다. 암논은 이복 누이를 함부로 어떻게 할 수 없어 속만 태우며 밥도 잘 먹지 못하고 말라 갔다.

그 무렵 다윗의 형 시므아의 아들인 요나답이 암논에게 접근하여 무엇을 고민하고 있는지 넌지시 물었다. 암논이 자초지종을 말하자 요나답은 암논에게 다말과 동침할 수 있는 계책을 내어놓았다.

암논은 요나답의 계책대로 먼저 몸에 심각한 병이 든 것처럼 꾸며 침상에 누워 시름시름 앓는 척했다. 맏아들 암논이 병들어 누워 있다는 소식을 들은 다윗이 병문안을 왔다. 그러자 암논이 아버지 다윗에게 다말이 구워 만든 과자를 먹고 싶다고 엄살을 부렸다. 다윗은 암논의 음흉한 계획을 모르고 사람을 다말에게 보내어 오빠의 부탁을 들어주라고 했다.

다말은 암논 오빠의 병구완을 하기 위해 그의 집으로 와서 밀가루를 반죽하여 과자를 구웠다. 암논은 침상에 누워 자신이 연모하는 다말이 과자를 만드는 모습을 지켜보았다. 다말의 모습을 보면 볼수록 다말을 안고 싶은 욕정이 속에서 끓어올랐다. 과자가 냄비 속에서 구워지는 고소한 냄새가 다말의 체취인 양 암논의 욕정을 더욱 자극했다.

다말이 냄비를 들고 와서 식탁 쟁반에다 과자를 옮겨 놓았다.

"오라버님이 먹고 싶다는 과자를 구웠어요. 기운을 차리시고 일어나서 드셔 보세요."

그러자 암논이 다 죽어가는 사람처럼 중얼거렸다.

"일어날 힘조차 없구나. 네가 여기 침상에서 과자를 입에 좀 넣어 주려무나."

다말은 별 의심 없이 과자를 손에 들고 암논의 침실로 들어가 침상 곁으로 다가갔다. 다말이 손에 든 과자를 암논의 입에 넣어 주려는 순간, 암논이 다말의 손을 잡아끌며 애원하듯이 말했다.

"누이야, 너를 안고 싶다. 안고 싶어 미치겠다."

"오라버님 왜 이러세요? 이러시면 안 돼요. 이런 일은 이스라엘에서 용납지 못 할 일이에요. 괴악한 일이라고요. 제발 이러지 마세요."

그래도 암논은 막무가내로 다말을 침상으로 잡아끌려고 했다.

"오라버님 정 그러시다면 아버님께 말하여 저를 오라버님의 아내로 달라고 하세요."

"아버님이 허락하실 것 같으냐."

암논은 다말을 강제로 침상에 뉘고 옷을 벗겨 나갔다. 다말은 반항했으나 암논의 몸이 자기 아랫도리를 파고 들어오자 자포자기하는 심정이 되고 말았다. 암논이 헐떡거릴수록 다말의 몸은 굳어지기만 했다. 다말의 눈에는 연신 눈물이 흘러내렸다.

암논이 정욕을 다 채우고 나서 옷을 주섬주섬 입으며 중얼거렸다.

"젠장, 나무둥치를 올라탄 기분이군. 그렇게도 내가 싫은 거야? 다른 여자들은 처음에는 싫어하다가도 내가 즐겁게 해 주면 말이야, 십중팔구는 함께 달아올랐는데, 넌 지독한 계집이야."

이상은 약간 상상을 곁들여 극화해 본 것이지만 성서에서도 암논의 심리 변화를 절묘하게 표현하고 있다. "그리하고 암논이 그를 심히 미워하니 이제 미워하는 마음이 전에 사랑하던 사랑보다 더한지라"(삼하 13:15) 이러한 극단적인 심리의 반전을 전문 용어로는 에난티오드로미 (Enantiodromie) 현상이라고 한다.

이 현상은 카를 융의 분석심리학에서 주로 인생 후반기에 겪게 되는 급격한 성격의 변화를 가리키는 용어로 사용되지만, 후반기까지 기다릴 필요 없이 단기간 내에서도 이런 현상은 자주 목격된다. 특히 남녀의 애정 관계에서 이 현상은 다반사로 나타난다.

열렬히 연모했던 그만큼 증오하게 되는 사례가 얼마나 많은가. 이것은 '앰비밸런스(ambivalence)', 즉 사랑과 증오가 함께 공존하는 상태와는 사뭇 구별된다. 그야말로 미움과 증오만 남은 상태이다.

암논이 평상시에 다말의 미모에 반하여 애타게 연모했으나 이제 소원대로 다말을 안고 나서는 이전에 연모했던 것보다 더 심하게 미워하게 된 이유는 무엇일까.

앞에서 짐작해 본 대로 육체의 결합에서 암논이 만족하지 못했기 때문이었을 가능성이 많다. 만족하지 못한 정도가 아니라 다말의 반항과 무반응으로 인하여 모욕감까지 느꼈을 것이다. 한 여자를 가지고 싶다가 마침내 욕심을 채웠기에 그 여자에 대한 흥미가 떨어지는 그런 차원이 아니다. 이런 심리 변화를 에난티오드로미라는 어려운 말보다 '암논 콤플렉스'라는 새로운 용어로 부르는 것이 낫겠다.

다말의 얼굴조차 보기 싫게 된 암논이 그녀에게 당장 나가라고 고함을 질렀다. 다말이 암논에게 항의했다. 다말의 항의가 「사무엘하」 13장 16절에 기록되어 있다. "다말이 그에게 이르되 옳지 아니하다 나를 쫓아 보내는 이 큰 악은 아까 내게 행한 그 악보다 더하다"

다말은 이왕 암논이 자기 몸을 차지했으니 암논의 여자로 살아가야 하지 않겠느냐고 작정했던 모양이다. 그러나 암논은 하인을 시켜 다말을 집 밖으로 끌어내고 문빗장을 단단히 지르게 했다. 문빗장이 굳게 질린 문을 바라보는 다말의 심정이 어떠했을까.

다말은 출가하지 않은 공주, 다시 말해 처녀인 공주가 입는 채색옷을 곱게 차려입고 오빠의 병구완을 하러 왔는데 이제 그 채색옷을 입을 자격을 상실하고 말았다. 그녀는 채색옷을 찢고 머리에 재를 뿌리고 크게 통곡하면서 실성한 사람처럼 집으로 돌아왔다. 이때 암논의 나이는 22세쯤 되고 다말의 나이는 15세 정도가 된다.

다말에게 엄청난 일이 일어난 것을 눈치챈 친오빠 압살롬은 아무에게도 이 일을 말하지 말라고 당부한 후에 암논에게 복수할 기회를 호시탐탐 노리게 된다. 안 그래도 왕위에 야심이 있던 압살롬은 차기 왕 1순위 후보인 암논을 이번 일을 빌미로 제거해 버리면 왕위 계승에 서광이 비칠지도 모른다.

한 왕자의 정욕이 잘못 발산됨으로써 다윗 왕가에 피비린내 나는 쟁투가 벌어지게 된다. 그 결과 암논과 압살롬은 죽게 되고 어부지리로 솔로몬이 왕위를 계승하게 되었으니 한 사람의 실수가 정치 상황을 예기치 않은 방향으로 돌릴 수도 있는 법이다.

21

몸 난로가 된
수넴 여자

다윗 왕은 왕위에 오른 지 40년이 되는 해에 일흔의 나이로 죽었다. 일흔 살이 가까울 무렵 다윗은 아무리 옷을 껴입고 이불을 덮어도 몸이 따뜻해지지 않고 한기가 들기만 했다. 원기가 거의 떨어지고 만 것이다.

측근 신하들이 다윗에게 제안했다. "우리 주 왕을 위하여 젊은 처녀 하나를 구하여 그로 왕을 받들어 모시게 하고 왕의 품에 누워 우리 주 왕으로 따뜻하시게 하리이다"(왕상 1:2) 이 제안을 다윗이 거절하지 않았던 모양이다. 신하들이 이스라엘 전국을 뒤져 아리따운 젊은 처녀를 구하다가 수넴 지역에서 아비삭이라는 처녀를 발견하게 되었다.

아비삭은 심히 아름다워 남자들이 보기만 해도 애간장이 녹을 지경이었다. 아비삭은 기력이 쇠할 대로 쇠한 다윗 왕 곁을 떠나지 않으면서 수족처럼 정성스럽게 봉양했다. 점점 차가워지는 다윗의 팔과 다리를 수시로 주무르며 온몸에 피가 잘 돌아가도록 애를 썼다. 그러나 왕의 품에 아리따운 젊은 처녀를 눕게 하여 왕의 원기를 회복시켜 주려고 했던 신하들의 계획은 제대로 이루어지지 않았다.

왕의 품에 눕게 한다는 것은 왕과 몸을 섞도록 한다는 의미였다. 옛날부터 노인이 젊은 여자와 몸을 섞으면 회춘한다는 속설이 전해져 왔다. 방중술로써 몸의 병을 치료하고 원기를 회복시키는 비책이라면 도교가 성행한 중국을 따라갈 나라가 없다. 방중술과 관련된 수많은 책이 수(隋)·당(唐) 시대에 특히 많이 쏟아져 나왔다. 그중에 가장 널리 알려진 책이 『소녀경(素女徑)』이다.

소녀경의 총론이라고 할 수 있는 대목을 반 훌릭(Robert Van Gulik)의 『중국성풍속사』에서 인용하면 다음과 같다.

> 황제(黃帝)가 소녀에게 물었다. "요즘 내 기력이 떨어져 기분이 좋지 않구나. 마음은 슬프고 몸은 늘 불편한데 대체 어떻게 된 것인가?"
> "남자가 쇠약해지는 것은 성행위를 원활하게 하지 못하기 때문입니다. 여자가 남자보다 강한 것은 물이 불을 이기는 경우와 같습니다. 음양술을 아는 사람은 다섯 가지 맛을 잘 섞어 맛있는 음식을 만드는 요리사와 같습니다. 음양술을 아는 인물은 다섯 가지 즐거움을 누립니다. 하지만 이 방법을 모르는 이는 성행위의 진정한 기쁨을 한 번도 가지지 못한 채 일찍 죽게 됩니다. 이는 피해야만 될 일이 아닐까요?"

또한 『옥방비결』이라는 책에서는 성행위의 여덟 가지 이익에 대해 다음과 같이 말하고 있다. "정액이 단단해지고 기가 편해지며 내장 기관이 활발하게 운동하며 뼈가 튼튼해지고 혈액순환이 순조롭게 되며 피가 많아지고 체액이 풍성해지며 몸 전체가 고르게 좋아진다."

다윗의 신하들도 이러한 방중술로써 다윗에게 원기를 불어넣어 자신들의 기득권을 좀 더 유지하려고 했다. 그러나 다윗은 아비삭의 봉양은 받으면서도 끝내 몸을 섞지는 않았다. 아마도 몸을 섞을 만한 정력조차 남아 있지 않았을 것이다.

시인 고정희는 일찍이 「수넴 여자 아비삭의 노래」라는 시를 통해 분단 조국의 현실을 늙은 다윗의 몸에 비유하면서 조국이 연약한 여성들의 희생을 요구하는 몰염치를 풍자한 적이 있다. 그 일부만 인용해 본다.

이불을 덮어도 더워지지 않고
아무리 끌어안아도 회생하지 않는
싸늘하고 막막한 민주의 몸뚱아리
맥박이 늦어지고 살이 굳어지는
분단의 몸뚱아리에

여자의 아리따움 벗어 덮으라네
여자의 부드러움 뿜어 보듬으라네
차디찬 수족에 온기를 불어넣고
꺼져가는 오관에 생기 불러오라네

전태일 열사의 여동생 전순옥의 저서 『끝나지 않은 시다의 노래』도 70년대 산업화의 그늘에서 수넴 여자 아비삭 같은 여공들이 조국 근대화를 위해 희생당한 역사를 고스란히 담아내고 있다.

다윗이 아비삭의 봉양을 받고 있는 동안 왕자들 사이에서는 치열하게 왕위 계승 다툼이 일어나고 있었다. 다윗의 장자였던 암논이 압살롬에 의해 죽고, 반역을 일으킨 압살롬도 죽어 서열로는 이제 왕위가 후궁 학깃의 아들인 아도니야에게로 돌아가야만 했다.

아도니야는 밧세바가 자기 아들 솔로몬을 왕위에 올리려는 야심을 가지고 있다는 것을 눈치채고 다윗이 아직 살아 있는데도 추종자들을 끌어 모아 성급하게 왕위 선포식을 했다.

이 사실을 알게 된 밧세바는 나단 선지자와 합세하여 다윗에게 솔로몬을 하루 속히 왕위에 앉혀 달라고 간청했다. 밧세바가 이 일로 다윗에게 왔을 때도 아비삭이 다윗을 수종들고 있었다. 유부녀로서 다윗과 간통을 저질렀던 밧세바로서는 늙어서 주름 투성이 노인으로 변한 다윗이 이제는 처량하고 안쓰럽게 여겨졌을 것이다.

솔로몬이 다윗의 정식 계승자로 왕위에 오르자 세력이 약한 아도니야는 결국 솔로몬에게 항복하고 목숨만은 겨우 구하게 된다. 그랬으면 쥐 죽은 듯이 숨어서 살아야 함에도 불구하고 아도니야는 다윗이 죽자 솔로몬에게 당돌한 요구를 한다. 차마 솔로몬에게 직접 와서 말하기는 어려웠던지 솔로몬의 어머니 밧세바를 먼저 찾아갔다.

"당신도 아시는 바이거니와 이 왕위는 내 것이었고 온 이스라엘은 다 얼굴을 내게로 향하여 왕으로 삼으려 하였는데 그 왕권이 돌아가 내 아우의 것이 되었음은 여호와께로 말미암음이니이다 이제 내가 한 가지 소원을 당신에게 구하오니 내 청을 거절하지 마옵소서"(왕상 2:15-16)

밧세바가 소원을 말해 보라고 하자 그가 요구 사항을 제시했다.

"솔로몬 왕에게 말씀하여 그가 수넴 여자 아비삭을 내게 주어 아내를

삼게 하소서 왕이 당신의 청을 거절하지 아니하리이다"^(왕상 2:17)

밧세바는 아도니야의 마음을 달래 놓아야 자기 아들 솔로몬에게 뒤탈이 없으리라 생각하고 아도니야의 소원을 들어주겠다고 약속했다. 밧세바가 솔로몬에게 가서 아도니야의 소원을 말하자 솔로몬은 정색하며 말했다.

"어찌하여 아도니야를 위하여 수넴 여자 아비삭을 구하시나이까 그는 나의 형이오니 그를 위하여 왕권도 구하옵소서"^(왕상 2:22)

밧세바가 무안할 정도로 몰아붙인 솔로몬은 그 자리에서 여호야다의 아들 브나야를 보내어 아도니야를 쳐죽여 버린다. 가만히 있었으면 목숨은 부지했을 텐데 아도니야는 평소에 욕심을 품고 있었던 아비삭을 차지하려다가 그만 목숨을 잃고 말았다.

솔로몬의 입장에서는 아버지의 여자라고 할 수 있는 아비삭을 이복형인 아도니야가 차지하려고 하는 것은 다시 왕위를 노리려는 속셈이 있어 그러는 것이 아닌가 의심할 만도 했다. 안 그래도 아도니야가 역모를 꾀하지 않을까 불안하던 차에 이번 일을 꼬투리로 삼아 아도니야를 아예 쳐죽여 버렸다.

솔로몬이 나중에 「아가」를 통하여 육감적인 사랑을 노래할 때 수넴 여자가 등장한다.

돌아오고 돌아오라 술람미 (수넴) 여자야
돌아오고 돌아오라
우리가 너를 보게 하라
너희가 어찌하여

마하나임에서 춤추는 것을 보는 것처럼

술람미(수넴) 여자를 보려느냐

이 시에 나오는 술람미(수넴) 여자가 아비삭이라는 학설도 있다. 그렇다면 솔로몬도 아비삭을 몰래 연모했다는 것인데 자신의 연모 대상을 아도니야가 차지하려고 하니 더욱 분노했을 수도 있다. 그야말로 '욕망의 삼각형'이다.

욕망의 삼각형

욕망은 도덕질서가 금지하는 어떤 것을 지향한다. 금지된 대상을 향한 욕망은 지속적인 생명력을 가지고 자극하고 위반의 충동을 불러일으킨다. 욕망은 20세기 라캉(Jacques-Marie-Émile Lacan, 1901-1981)에 의해 부각된 개념이다. 욕망에 대해 라캉은 생리적 욕구로부터 구분하였고, 들뢰즈(Gilles Deleuze, 1925-1995)는 리비도 같은 에너지로 보았으며, 욕구는 욕망에서 파생된 사회적인 결핍으로 간주하였다.

인간은 타자의 욕망을 모방한 모방 욕망을 갖게 된다고 보았던 르네 지라르(René Girard, 1923~2015)는 중개자와 주체, 욕망의 대상 등 세 요소의 상호 관계를 가리켜 '욕망의 삼각형'이라고 했다. 이 이론으로 그는 첫 저서 『낭만적 거짓과 소설적 진실』(1961)에서 소설 속 인물을 분석하면서 문학평론가로 명성을 얻는다. 그는 모든 소설의 주인공들은 중개자를 통해 대상을 소유하고자 하는 욕망을 가진다고 했으며, 한 욕망을 욕구(Appétit)와 구분했다.

욕구는 식욕과 성욕 같은 동물적 본능에 불과하지만 욕망은 사회적 차원에 있다. 한 인간이 선망하는 모델(중개자)을 모방하려고 할 때 모델에게는 있지만 그에게는 결핍되어 있는 요소를 대상을 통해 보충하려는 욕망을 지니고 있다는 것이다. 지라르는 가장 이상적인 욕망의 삼각형을 예수 본받기에서 발견하고 결국 그리스도인이 된다.

『낭만적 거짓과 소설적 진실』(김치수 송의경 옮김, 한길사) 참조, 편집부 정리

22

솔로몬의 섹슈얼
익조티시즘

솔로몬 이름은 히브리어의 '살롬'에서 나온 말이다. 살롬에 애칭 어미인 '오'가 붙어 있다. 히브리어로 발음하면 '셸로모'가 된다. 살롬은 평화라는 뜻이다. 다윗은 쟁투의 연속이었던 자신의 삶과는 대조되는 이름을 막내아들에게 붙여 주었다. 자기처럼 전쟁으로 점철된 인생을 살지 말고 백성과 함께 태평성대를 누리라는 의미로 그 이름을 지어 주었을 것이다.

그런데 태평성대는 그냥 오는 것이 아니다. 무수한 전쟁을 치른 연후에 비로소 얻게 되는 평화로 인하여 그런 시대가 도래하는 법이다. 그러므로 살롬은 그냥 한가롭고 평온한 상태를 의미하기보다 갈등과 투쟁을 겪은 후에 찾아오는 평화를 뜻한다. 히브리인들이 서로 살롬이라고 인사를 할 때는 그런 적극적인 의미가 담겨 있다.

과연 솔로몬은 이름 그대로 다윗이 이루어 놓은 터전 위에 평화로운 시대를 통치했다. 다윗으로 인해 군사 강대국이 된 이스라엘을 주변 국가들이 쉽게 넘보지 않게 되었다. 오히려 주변 국가들이 이스라엘의 눈치를 보며 솔로몬에게 잘 보이려고 외교적 노력을 기울였다.

솔로몬이 다윗을 이어 왕위에 오르자 애굽의 바로는 자기 딸을 솔로몬의 아내로 내어 주었다. 이때의 바로는 제21대 왕조의 끝에서 둘째 바로에 해당하는 시아문이었다. 왕조가 몰락할 무렵이었기 때문에 바로는 솔로몬과 동맹 관계를 맺고자 했고 솔로몬 역시 애굽과 손을 잡으면 외교상 여러 가지로 이롭다는 사실을 알고 있었다.

성서에 보면 바로가 가나안 족속이 모여 사는 세셀 지역을 탈취하여 솔로몬의 아내가 된 딸에게 선물로 주었다고 했는데 그것은 딸의 결혼 지참금으로 그 지역을 솔로몬에게 바쳤다는 의미이기도 하다. 애굽 역사를 살펴보아도 바로가 자기 딸을 이방 왕의 아내로 준 적이 거의 없다고 하는데 시아문은 뭔가 다급했음에 틀림없다.

솔로몬은 바로의 딸을 아내로 맞이함으로써 영토 분쟁까지 해결하는 이득을 보았다. 이 바로의 딸은 왕실의 후예답게 우아하고 매혹적이었을 것이다. 여러 왕비 중에서 바로의 딸이 가장 각광을 받았고 솔로몬은 그녀를 위하여 특별히 따로 궁을 짓기도 했다.

「열왕기상」 9장 24절에 보면 "바로의 딸이 다윗 성에서부터 올라와 솔로몬이 그를 위하여 건축한 궁에 이를 때에 솔로몬이 밀로를 건축하였더라"고 했다. 솔로몬의 치적을 언급할 때도 바로의 딸과 관련된 구절이 나올 정도로 바로의 딸이 중요한 위치를 차지하고 있다.

솔로몬은 7년 동안 여호와의 성전을 건축하고 13년 동안 자신의 왕궁을 지었다. 특히 바로의 딸을 위한 궁을 짓는 데 마음을 썼음은 두말할 나위가 없다. 두로에서 운송된 레바논 백향목으로 최대한 우람하고 화려하게 지어 바로의 딸을 흡족하게 해 주려고 했다.

또한 스바 여왕이 외교 사절을 거느리고 솔로몬을 예방하여 선물을 전달하고 국교를 맺는 사건이 중요한 비중으로 기록되어 있다. 스바는 사베인들이 아라비아에 건설한 국가로 지금 동부 예멘에 해당하는 지역인 셈이다. 사베인들은 원래 유목민이었으나 정착하여 왕국을 세운 이후에는 아라비아 전역에 걸쳐 교역의 주도권을 장악해 나갔다.

아라비아와의 교역에 힘을 써야 하는 솔로몬으로서는 스바와 국교를 맺을 필요가 있었고 스바로서도 애굽과 경쟁하기 위해서는 솔로몬의 힘을 빌릴 필요가 있었다. 이해관계가 서로 맞는 가운데 스바 여왕이 솔로몬을 방문했고 솔로몬은 스바 여왕을 극진히 대접해 주었다. 스바 여왕이 솔로몬에게 선물한 황금과 보석과 향품들은 사실 무역 거래를 위한 견본들이라 할 수 있다.

솔로몬은 자신이 지은 웅장한 성전과 왕궁을 스바 여왕에게 보여줌으로써 그녀를 압도해 버렸다. 무엇보다 그녀와 깊은 대화를 나누는 중에 자신의 지식과 지혜가 얼마나 풍부한가를 드러내 보임으로써 그녀가 솔로몬을 존경하고 흠모하도록 유도했다. 솔로몬은 개인적인 매력과 국가적인 위용을 잘 활용하여 스바 여왕의 마음을 사로잡고 아라비아 통상 외교에 성공한 셈이다.

스바 여왕은 그 모든 것에 감탄하여 칭찬을 늘어놓기에 여념이 없었다. "내가 내 나라에서 당신의 행위와 당신의 지혜에 대하여 들은 소문이 사실이로다 내가 그 말들을 믿지 아니하였더니 이제 와서 친히 본즉 내게 말한 것은 절반도 못되니 당신의 지혜와 복이 내가 들은 소문보다 더하도다 복되도다 당신의 사람들이여 복되도다 당신의 이 신하들이여 항상 당

신 앞에 서서 당신의 지혜를 들음이로다"(왕상 10:6-8)

외교 역사상 이만큼 훌륭한 수사(修辭)도 없다. 이 말을 들은 솔로몬 역시 감격하지 않을 수 없었을 것이다. 서로 상대방의 매력에 끌린 솔로몬과 스바 여왕 사이에 무슨 일이 더 있었는지는 짐작만 할 따름이다. 낮의 외교와 밤의 외교는 그 양상이 다르기 때문이다. 여기서 볼 때 국가 간 외교에 있어서도 지도자 개인의 매력을 무시할 수 없다는 사실을 알 수 있다.

솔로몬은 애굽과 스바 뿐만 아니라 모압과 암몬, 에돔과 시돈, 헷 지역과 좋은 관계를 맺기 위해 그 지역 출신 여자들을 대거 후궁으로 받아들였다. 후궁들을 고를 때도 지역 안배를 한 셈이었다.

후궁, 즉 후비만 해도 700명이나 되고 그 다음 서열인 빈첩은 300명이나 되었다. 각 지역에서 천 명의 여자들을 골라 데리고 살았으니 솔로몬은 정력도 대단했던 모양이다. 무엇보다 솔로몬은 이스라엘 본토 여자들보다 이방 여자들의 매력에 푹 빠졌다. '본국 여자 기피증'이라는 증세가 있는지는 모르지만 솔로몬은 유별날 정도로 이국 여자들을 좋아했다. 솔로몬의 증세를 굳이 이름 붙인다면 '섹슈얼 익조티시즘(sexual exoticism)'이라고 할 만하다.

아닌 게 아니라 이스라엘 인근 나라들의 여성의 매력은 필설로 다 표현하기 힘들 정도이다. 지금도 팔레스타인을 비롯한 시리아, 요르단 등 근동 지역 여자들은 남자들이 한 번 쳐다보기만 해도 반할 지경이다. 그들이 이슬람 전통에 따라 차도르 등으로 얼굴을 가리고 다녀서 망정이지 그렇지 않았더라면 남자들이 늘 정신이 혼미한 가운데 지냈을 것이다.

매혹적인 여성은 남자에게 있어 에덴의 선악과 나무와 같다. 먹지 말아야 한다는 것을 분명히 알면서도 '먹음직도 하고 보암직도 하고 지혜롭게 할 만큼 탐스럽기도 한 나무'를 그냥 지나칠 수가 없다. 여호와도 이스라엘 인근 여자들이 묘려한 매력을 지니고 있다는 것을 잘 아셨기 때문에 이스라엘 남자들에게 그 여자들을 조심하고 멀리 할 것을 누누이 경고했다. 그러나 역사적으로 볼 때 그러한 여호와의 경고를 착실하게 지킨 시대는 별로 없다.

여호와의 성전을 건축하고 여호와의 마음에 들어 축복을 한없이 받은 솔로몬조차 여호와의 경고를 무시하고 이방 여자들에게 빠졌으니 일반 남자들은 더 말할 필요가 없겠다. 솔로몬은 여호와의 축복을 너무 많이 받았기 때문에 방자해져서 수많은 이방 여자와 놀아났는지도 모른다. 결국 받은 복들이 '축복이라는 이름의 저주'가 된 셈이다.

복을 받는 것도 중요하지만 받은 복을 잘 간수하고 유지하는 것도 중요하다. 받은 복을 오래 누리는 것을 '석복(惜福)'이라고 한다. 복을 받는 것보다 석복이 더 어려운 법이다. 받은 복을 팽개치게 되는 가장 큰 원인은 역시 성윤리 타락이라고 해도 과언이 아니다. 그 사실을 섹슈얼 익조티시즘에 빠졌던 솔로몬이 여실히 보여주고 있다.

PART 6

왕조 시대 ❷

수치스러운 흔적이 대신하며

너희의 장정은 칼에,
너희의 용사는 전란에 망할 것이며
이사야 3장 25절

23

에스더가 왕후로
간택되다

구약 성서 중에 '여호와'라는 말이 나오지 않는 책이 있다고 하면 일반인들은 의아하게 여길 것이다. 성서인데 어떻게 신의 이름이 나오지 않을 수 있느냐, 어떻게 그런 책이 성서로 인정될 수 있느냐고 말이다.

그 책은 바사(페르시아) 역사와 관련된 「에스더」이다. 여호와라는 말이 나오지 않더라도 그 책에 기록된 역사를 배후에서 주관하는 분은 여호와임에 틀림없다.

에스더는 원래 이스라엘 베냐민 지파 출신인 아비하일의 딸이었다. 에스더라는 이름은 별이라는 뜻을 가지고 있다. 아비하일의 조카 중에 모르드개라는 자가 있었는데 아비하일이 일찍 죽자 에스더를 양녀로 데리고 와서 길렀다.

아비하일과 모르드개는 바벨론 왕 느부갓네살이 예루살렘으로 쳐들어와 유대인을 포로로 잡아갔을 때 함께 잡혀 온 자들이었다. 바사 제국이 일어나 바벨론을 치고 유대인 포로들을 본국으로 돌아가게 했던 당시에도 모르드개 같은 유대인들은 여전히 바벨론 지역에 머물러 있었다.

바사, 즉 페르시아라는 명칭은 이란 남서부의 옛 지명 파르스(Fars)에서 나온 말이다. BC 815년경 이란 민족의 한 지파가 우르미아 호수로부터 자그로스 산맥을 가로질러 남하하여 수사 북동쪽에 있는 파르수마슈에 정착했다.

BC 700년경 아케메네스가 일어나 아케메네스 왕조의 시조가 되었다. 그의 현손 키루스 2세가 BC 550년 메디아의 수도 에크바타나를 점령하여 바사 제국을 일으키는 데 성공했다. BC 538년에는 바벨론을 무혈점령하고 바벨론에 잡혀 와 있던 유대인을 해방시켜 본국으로 돌려보내고 여호와의 신전 재건도 허가했다. 제국 내의 다양한 민족이 갖고 있는 종교나 관습에 간섭하지 않는 것이 바사 왕조의 방침이었다. 바사의 민족 종교는 조로아스터교로 그 주신(主神)은 아후라 마즈다였다.

그 후 여러 차례 반란이 있었으나 다리우스 1세가 나라를 안정시키고 인도 북서쪽까지 영토를 확장했다. 그는 전 국토를 20주로 나누고 각 주마다 사트라프라고 하는 장관을 두어 징세와 병역을 부과했다. 또한 이 사트라프의 행동을 감시하고 보고하는 '왕의 눈'과 이를 보좌하는 '왕의 귀'를 두었다.

다리우스 1세의 아들 크세르크세스 1세는 부왕이 이루어 놓은 공적을 바탕으로 막강한 권력을 행사하고 부귀영화를 누렸다. 이 크세르크세스 1세가 「에스더」에 나오는 아하수에로 왕이다. 아하수에로는 인도로부터 구스, 즉 아프리카 수단 북부에 이르기까지 전 국토를 127도로 나누어 다스렸다.

아하수에로는 즉위 3주년을 맞이하여 180일 동안이나 큰 잔치를 베풀고 바사 제국의 위용을 만방에 과시했다. 그리고 마지막 이레 동안은 수도인 수산 주민을 위해 왕궁 후원 뜰을 개방하여 마음껏 먹고 마시며 즐기도록 했다.

백색, 녹색, 청색 휘장을 자색 가는 베줄로 대리석 기둥 은고리에 매고 금과 은으로 만든 의자를 화반석, 백석, 운모석, 흑석이 깔린 바닥에 배설했다. 백성들은 각양각색의 금잔으로 술을 마시며 한도 끝도 없이 공급되는 음식으로 배를 채웠다.

이때 왕후 와스디도 왕궁에서 부녀들을 위하여 잔치를 베풀었다. 칠일째 되는 날 아하수에로는 내시들에게 명하여 왕후로 하여금 면류관을 쓰고 화려한 옷을 차려입고 자기에게로 오도록 하라고 했다. 왕은 자기가 초대한 장관과 방백, 그리고 백성들 앞에서 왕후의 아름다움을 과시하고 싶었다.

그러나 왕후 와스디는 내시들이 전한 왕의 명령을 듣지 않았다. 직접 왕이 와서 자기를 데리고 갔으면 따라갔을 수도 있으나 내시들이 와서 자기를 데리고 가려 하니 자존심이 상했던 모양이다. 무엇보다 사람들 앞에서 구경거리가 되는 것을 싫어했다.

왕은 자기 말을 듣지 않은 왕후에 대해 분노하여 이 문제를 어떻게 처리했으면 좋을까 하고 일곱 명의 측근들을 불러 모아 의논했다. 소위 말해 왕후 탄핵 재판이 열린 셈이다.

「에스더」에 보면 일곱 명의 측근들 이름까지 세세히 나와 있는데, 그만큼 중요한 결정에 그들이 참여했다는 의미를 담고 있다. 측근들의 대표격인 므무간이 왕후 탄핵에 찬성하며 의견을 개진했다.

"왕후 와스디가 왕에게만 잘못했을 뿐 아니라 아하수에로 왕의 각 지방의 관리들과 뭇 백성에게도 잘못하였나이다 아하수에로 왕이 명령하여 왕후 와스디를 청하여도 오지 아니하였다 하는 왕후의 행위의 소문이 모든 여인들에게 전파되면 그들도 그들의 남편을 멸시할 것인즉 오늘이라도 바사와 메대의 귀부인들이 왕후의 행위를 듣고 왕의 모든 지방관들에게 그렇게 말하리니 멸시와 분노가 많이 일어나리이다 왕이 만일 좋게 여기실진대 와스디가 다시는 왕 앞에 오지 못하게 하는 조서를 내리되 바사와 메대의 법률에 기록하여 변개함이 없게 하고 그 왕후의 자리를 그보다 나은 사람에게 주소서 왕의 조서가 이 광대한 전국에 반포되면 귀천을 막론하고 모든 여인들이 그들의 남편을 존경하리이다"(에 1:16-20)

아하수에로 왕은 므무간의 말을 받아들여 왕후 와스디를 폐위해 버렸다. 왕후는 모든 백성에게 지대한 영향을 미치는 자리에 있으므로 사소하게 보이는 한 번의 잘못도 탄핵 사유가 된 것이었다.

그 다음 왕후를 새로 뽑는 행사가 벌어졌다. 전국 각 도의 관리들은 자기 지방에서 아름다운 처녀들을 골라 수산 왕궁의 궁녀를 주관하는 내시 헤개에게로 보내었다. 모르드개의 양녀 에스더도 왕후 후보로 뽑혀 왕궁으로 들어가게 되었다. 내시 헤개는 각 지방에서 올라오는 아리따운 처녀들 중에서 특별히 에스더를 좋게 보고 그녀에게 많은 편의를 베풀어 주었다.

처녀들은 내시 헤개 밑에서 12개월 동안 몸을 정결하게 하는 일에 몰두했다. 요즘 말로 하면 열두 달 동안 피부 관리를 하고 몸매를 가꾸는 일에 신경을 썼다. 처음 여섯 달은 몰약 기름으로 피부 관리를 하고 나머지 여섯 달은 다른 향품들로 피부 관리를 했다. 그 당시도 여성의 피부를 윤

택하게 하는 처방이 단계별로 있었던 모양이다.

이렇게 합숙 생활을 하며 몸을 정결하게 하는 12개월을 보낸 뒤 드디어 처녀들이 차례대로 왕에게 나아갔다. 저녁에 왕에게 나아갔다가 아침에 돌아왔다고 했으니 저녁과 아침 사이에 무슨 일이 있었는가는 넉넉히 짐작할 만하다.

그리고 보면 처녀들이 합숙 12개월 동안 단지 피부관리 같은 미용에만 신경을 쓴 것이 아니라 교합을 통하여 왕을 흡족하게 하는 비법, 즉 일종의 방중술도 익혔음을 알 수 있다.

중국에서 『후궁의 금지옥엽(後宮的金枝玉葉)』이라는 책이 소개된 적이 있다. 그 책은 역대 황제들의 결혼 전후 성생활을 다루고 있다.

중국의 역대 황제들은 혼전에 충분한 성교육을 받으며 대부분의 경우 아이까지 낳았다. 청대(淸代)에는 태자의 혼전 성행위 실습이 명문화되기도 했다. 정식혼례를 치르기 전 태자보다 나이가 다소 많고 품행과 용모가 바른 궁녀 여덟 명을 선발해 성행위를 실습하도록 했다. 이러한 교육의 목적은 황제가 신방에 들어갔을 때 교합법을 잘 몰라 허둥지둥하지 않도록 하기 위해서였다.

아하수에로 왕후 후보인 처녀들도 왕의 침소에 들어가 허둥지둥하지 않도록 사전에 충분히 성교육을 받고 왕의 침소에 들어갔을 것이다. 왕의 침소에서 아침에 돌아온 왕후 후보들은 비빈을 주관하는 내시 사아스가스의 통제를 받으며 합격 여부를 기다렸다.

이러한 모든 절차를 치른 후에 에스더가 왕후로 간택되어 동족 유대인을 돕는 '별'이 되었다.

24

색(色)에 대한
경계

구약 성서 「잠언」 첫머리에 보면 "다윗의 아들 이스라엘 왕 솔로몬의 잠언이라"(잠 1:1) 하여 저자를 밝히고 있다. 그러나 솔로몬 혼자 그 많은 잠언을 지어냈다기보다 그동안 전해져 오던 잠언들을 솔로몬이 여러 학자의 도움을 받아 집대성해 놓았다고 보는 편이 더욱 정확할 것이다.

그 다음 구절은 잠언을 모아놓은 이유에 대해서 말하고 있다. "이는 지혜와 훈계를 알게 하며 명철의 말씀을 깨닫게 하며 지혜롭게, 공의롭게, 정의롭게, 정직하게 행할 일에 대하여 훈계를 받게 하며 어리석은 자로 슬기롭게 하며 젊은 자에게 지식과 근신함을 주기 위한 것이니"(잠 1:2-4)

분명히 젊은 자에게 근신함을 주기 위함이라는 목적도 언급되어 있다. 그래서 그런지 잠언 전체를 보면 혈기왕성한 젊은이들이 여자, 그 중에서도 음탕한 여자를 주의할 것을 자주 충고하고 있다. 동서고금을 막론하고 젊은이들을 정욕의 수렁에 빠지게 하는 유혹은 사회 곳곳에 산재해 있었던 모양이다. 「잠언」 7장에 보면 음탕한 여자가 젊은이를 유혹하는 장면이 생생하게 구체적으로 나온다.

이 여자의 남편은 은주머니를 차고 제법 먼 길을 떠났다. 이 여자는 남편이 집에 없는 동안 어떻게 오쟁이질(유부녀가 외간 남자와 사통하는 일)을 할까 궁리한다. 여자는 옷을 요란하게 차려입고 이 거리 저 거리 돌아다니며 남자들을 유혹하려고 한다. 저물 무렵 여자는 광장 모퉁이에서 남자들에게 눈짓을 보내며 서성거린다. 날은 점점 어두워져 황혼이 되고 밤이 되어 가는데도 남자가 걸려들지 않는다.

그때 청년 한 사람이 그곳을 지나가다가 여자의 눈에 띈다. 평소에 안면이 있는 청년이다. 여자는 청년에게 다가가 속삭이며 슬쩍 입을 맞춘다. 청년은 당황하며 여자에게 묻는다.

"어디 다녀오시는 길이에요?"

"성전에 가서 화목제를 드리고 서원을 갚고 오는 길이야."

여자는 성전에 가서 제사를 드리고 오는 것처럼 잠시 경건한 척한다.

"그런데 밤중에 여기는 왜 계시는 거예요?"

"네가 보고 싶어서 기다리고 있었지."

여자가 청년의 몸에 자신의 몸을 슬그머니 갖다 붙이며 더운 입김을 뿜어낸다. 청년은 정신이 아득해지면서 자기도 모르게 몸이 달아오르는 것을 느낀다.

"남편 되시는 분이 보시면 어쩌시려고요?"

청년은 불안한 얼굴로 주변을 두리번거린다.

"그 양반은 은주머니를 차고 출장을 갔어."

"은주머니요?"

"여비를 넉넉히 가지고 갔단 말이야. 그래서 한 보름 있다가 집으로 돌아올 테니 걱정할 필요 없어. 집에 아무도 없으니 나하고 집으로 가.”

여자의 목소리는 어느새 코맹맹이 소리로 바뀌어 있다. 청년은 여자의 손에 이끌려 모퉁이 골목의 여자 집으로 간다. 여자의 침실로 들어가자 침상에는 화려한 문양의 침구들이 놓여 있다. 청년이 두 눈이 휘둥그레져 침상을 보고 있자 여자가 들뜬 목소리로 자랑을 늘어놓는다.

“이 요는 말이야, 화문 요라는 거야. 여기 꽃무늬들이 참 예쁘지? 그리고 이 이불은 애굽 상인에게서 사온 건데 보통 이불하고는 질이 달라. 애굽 사람들 여기 무늬 넣은 것 좀 봐. 얼마나 촘촘하고 앙증맞게 놓았는지. 요 위에 누워 이 이불을 덮고 있으면 애굽 공주가 된 기분이야. 호호호.”

금방이라도 여자가 청년을 침상으로 몰아붙일 것만 같다. 청년은 침실에 가득 퍼져 있는 향기에 취하여 코를 벌름거린다.

“여기 향기도 좋지? 몰약과 침향과 계피 향을 뿌렸어. 난 이런 향이 있어야 흥분이 되거든.”

여자가 청년을 밀다시피 하여 침상에 뉘며 속삭인다.

“우리 아침까지 밤새도록 사랑해 보자. 마음껏 즐겨 보자고. 인생이 별거야? 쾌락을 누리는 것보다 더 중요한 게 어디 있어?”

청년도 몸이 달아오르는 것을 주체하지 못하고 여자의 몸을 허겁지겁 더듬는다. 둘은 서로 옷을 벗기며 쾌락의 늪으로 빠져든다.

「잠언」 기자는 청년이 그 여자를 따라가는 광경을 이렇게 비유하고 있다. “소가 도수장으로 가는 것 같고 미련한 자가 벌을 받으려고 쇠사슬에 매이러 가는 것과 같도다 필경은 화살이 그 간을 뚫게 되리라 새가 빨리 그물로 들어가되 그의 생명을 잃어버릴 줄을 알지 못함과 같으니라”(잠 7:22-23) 여기서 잠깐의 쾌락이라는 것은 소를 도수장으로 끌고 가는 고삐와 같고 죄인을 매어 놓는 쇠사슬과 같고 새를 가두는 그물과 같다고 했다. 그 결과는 파멸이다. 쾌락은 짧고 파멸은 길다.

인간이 일생 동안 대충 4천 번의 성교를 한다는 통계가 나와 있다. 그런데 오르가슴의 순간은 남자인 경우 단 몇 초에 불과하다. 3초로 잡는다고 해도 남자가 한평생 오르가슴을 맛보는 시간은 200분, 그러니까 네 시간도 채 되지 않는다. 남자들이 일생 동안 네 시간 정도밖에 되지 않는 쾌락을 위하여 재산을 탕진하고 생명까지 거는 것은 어리석은 일이다.

물론 남녀 애정 관계에서 오르가슴만이 전부냐고 반문할지도 모른다. 하지만 의식적이든 무의식적이든 남녀가 결합하려고 하는 것은 결국 오르가슴의 쾌락을 맛보기 위함이 아닌가.

더구나 한줌도 되지 않는 쾌락을 위해 젊은이들이 사창가를 기웃거리며 청춘을 낭비하는 것은 개인적으로나 국가적으로 큰 손실이 아닐 수 없다. 「잠언」에는 앞에서 나온 경계 외에도 젊은이가 여자를 주의해야 한다는 요지의 충고들이 가득하다.

"지혜가 또 너를 음녀에게서, 말로 호리는 이방 계집에게서 구원하리니"(잠 2:16)

"대저 음녀의 입술은 꿀을 떨어뜨리며 그의 입은 기름보다 미끄러우나 나중은 쑥 같이 쓰고 두 날 가진 칼 같이 날카로우며"(잠 5:3-4)

"내 아들아 어찌하여 음녀를 연모하겠으며 어찌하여 이방 계집의 가슴을 안겠느냐"(잠 5:20)

"음녀로 말미암아 사람이 한 조각 떡만 남게 됨이며 음란한 여인은 귀한 생명을 사냥함이니라"(잠 6:26)

"대저 음녀는 깊은 구덩이요 이방 여인은 좁은 함정이라 참으로 그는 강도 같이 매복하며 사람들 중에 사악한 자가 많아지게 하느니라"(잠 23:27-28)

「잠언」 31장 3절에는 르무엘의 어머니가 르무엘 왕에게 충고하는 내용이 나온다.

"네 힘을 여자들에게 쓰지 말며 왕들을 멸망시키는 일을 행하지 말지니라"(잠 31:3)

임금이 되는 젊은 아들에게 어머니가 해 줄 수 있는 가장 중요한 충고를 르무엘 왕의 모친이 하고 있는 셈이다. 막강한 권력과 부를 누리게 되는 젊은 왕이 가장 먼저 빠질 수 있는 유혹은 성의 쾌락이 아닐 수 없다. 마음만 먹으면 솔로몬 왕처럼 얼마든지 여자들을 구할 수 있는 위치에 있기 때문이다.

르무엘의 어머니가 충고한 대로 여자가 임금도 망하게 할 수 있다는 사실은 세계사를 통해 이미 증명되고도 남은 바 있다. 임금과 나라를 망하게 하는 여자를 가리켜 '경국지색(傾國之色)'이라 하는데 중국의 경국지색으로는 포사, 달기, 서시, 양귀비 같은 여자들을 꼽는다.

그러나 과연 여자가 임금을 망하게 한 것일까. 임금이 여자를 탐하는 마음 때문에 나라가 망하고 자기가 망했으면서 여자에게 책임을 돌리는 듯한 표현을 쓰고 있을 뿐이다. 이것도 남성 위주의 사고방식 때문에 그러할 터인데, 아니나 다를까 「잠언」 어디를 보아도 여자가 나쁜 남자의 유혹을 주의하라는 충고는 찾아볼 수 없다.

하지만 어떤 여자가 되는 것이 지혜로운가에 대한 충고는 군데군데 찾아볼 수 있다.

"고운 것도 거짓되고 아름다운 것도 헛되나 오직 여호와를 경외하는 여자는 칭찬을 받을 것이라"(잠 31:30)

이런 여자를 만나는 남자 역시 많은 유혹에서 벗어날 수 있을 것이다.

25

은밀히 행해도 마음에
흔적을 남기는 법

조르주 바타유의 에로티즘 이론에 의하면 인간에게 성에 대한 금기가
생긴 것은 동물성의 시대에서 노동의 시대로 접어든 후라고 한다. 인간들
이 원시 수렵에 의존하던 동물성의 시대에서는 성의 파트너가 일정하게
정해져 있을 필요가 없었으나 작물 재배와 목축과 같은 규칙적인 노동을
통하여 생존을 이어 가게 되고부터는 사회라는 것을 이루게 된다. 이제
서로 지켜야 할 금기 사항들이 하나 둘씩 늘어난다.

바타유가 사용한 용어는 아니지만 이런 단계에서는 '금기충동'이 사회
구성원들 사이에 퍼져 있었던 셈이다. 그중 가장 중요한 금기가 '살인하
지 말라'와 '간음하지 말라'이다. 이는 각각 죽음, 성과 관련된 금기이다.

금기가 사회를 어느 기간 통제하면 금기를 깨뜨리고 싶은 '위반충동'
이 일어나게 마련이다. 개개인이 위반충동을 가지고 금기를 위반하는 경
우 거기에 따르는 벌을 받게 된다. 하지만 집단으로 위반충동을 충족시키
게 되면 징벌은 고사하고 오히려 상을 받는 경우가 허다하다. '살인하지

말라'고 하는 금기를 집단으로 위반하는 전쟁의 경우에 사람을 많이 죽인 자가 훈장을 받는다. '간음하지 말라'고 하는 금기를 집단으로 위반하는 축제의 경우도 마찬가지이다.

이 두 가지 금기는 교묘하게도 종교 행위를 통하여 집단으로 위반하기도 한다. 사람을 제물로 바치는 제사 행위는 살인에 대한 금기를 공개적으로 위반하는 셈이다. 제물이 사람에게서 동물로 바뀌었다고 하여 사정이 달라진 것도 아니다. 성선의 여제사장과 몸을 합하는 종교 의식은 간음에 대한 금기를 합법화해 주는 위반인 셈이다. 이것을 가리켜 '위반의 집단적 합리화'라고 한다. 이런 사회를 '합리화된 위반체제'라고 한다. 바타유의 관점에서는 결혼조차도 합법화된 위반이다. 다시 말해 성의 금기에 대한 위반을 그럴 듯하게 합법화하는 관습이 결혼이라는 것이다.

결혼이 합법화된 위반이라는 말을 다른 각도에서 짚어 볼 수도 있다. 가령 남편과 아내가 부부 관계를 이루고 있으면서도 서로 몰래 각각 다른 상대와 교합하고 있다면 그들의 위반은 결혼이라는 합법화된 관습에 의해 보호되고 은폐되는 셈이다. 대개 그런 경우 겉으로는 금실 좋은 부부의 외양을 보이기 때문이다.

「잠언」30장 18절 이하에 보면 재미있는 구절이 있다. "내가 심히 기이히 여기고도 깨닫지 못하는 것 서넛이 있나니 곧 공중에 날아다니는 독수리의 자취와 반석 위로 기어 다니는 뱀의 자취와 바다로 지나다니는 배의 자취와 남자가 여자와 함께 한 자취며 음녀의 자취도 그러하니라 그가 먹고 그의 입을 씻음 같이 말하기를 내가 악을 행하지 아니하였다 하느니라"(잠 30:18-20)

독수리가 아무리 공중을 힘차게 날아다녀도 한번 지나가면 그 흔적과 자취를 찾아볼 수 없다. 뱀이 사막의 모래를 기어가면 흔적이 얼마간 남을 수 있지만 반석 위를 기어가면 흔적과 자취를 찾을 수 없다. 바다를 헤치고 나가는 큰 배의 흔적도 잠시 후면 깨끗이 사라지고 만다. 그와 같이 남자가 여자와 몸을 합한 흔적도 순식간에 감쪽같이 없어지고 만다. 음녀의 자취도 그러하다는 것은 음탕한 여자가 아무리 많은 남자와 함께 자도 흔적을 찾기는 힘들다는 뜻이다.

이런 은밀성과 소거성(消去性)으로 인하여 결혼이라는 합법화된 관습의 보호 아래 수많은 간음과 간통이 지금도 각처에서 일어나고 있다. 간음과 간통의 자취들이 백일하에 다 공개된다면 이 사회는 대규모 붕괴 사태를 맞이할지도 모른다.

간음과 간통이 결혼이라는 관습의 그늘 아래 자취도 없이 은밀히 행해진다고 해도 사람의 마음에는 반드시 흔적을 남기는 법이다. 마음의 흔적은 언젠가는 얼굴과 몸에 나타나게 마련이다. 나다니엘 호손(Nathaniel Hawthorne)의 소설 『주홍글씨』의 여주인공 헤스터와 간통했던 딤스데일 목사는 간음을 뜻하는 'A' 자가 실제로 가슴 판에 새겨지기도 했다.

간음과 간통은 위반충동으로 인하여 에로티즘의 쾌락을 배가할지는 모르나 이미 부부 관계를 좀먹고 있고 급기야 가정과 결혼의 틀을 부수고 말 것이다. 쾌락은 달지만 결과는 쓰디쓴 법이다. 하지만 인간들은 어리석어서 결과가 쓰디쓸 것을 예견하면서도 당장의 쾌락을 버리지 못한다.

잠언의 지혜자는 사회가 성의 금기, 결혼의 금기에 대한 위반충동으로 가득한 사실을 직시하고 「잠언」 5장에서 참으로 빼어난 비유를 들어 충고하고 있다.

"너는 네 우물에서 물을 마시며 네 샘에서 흐르는 물을 마시라 어찌하여 네 샘물을 집 밖으로 넘치게 하며 네 도랑물을 거리로 흘러가게 하겠느냐 그 물이 네게만 있게 하고 타인과 더불어 그것을 나누지 말라"(잠 5:15-17)

여기까지만 읽으면 자기 집 우물과 샘을 잘 관리하라는 물 절약 구호쯤으로 들린다. 그러나 다음 구절에서 이 비유의 뜻이 확연히 드러난다.

"네 샘으로 복되게 하라. 네가 젊어서 취한 아내를 즐거워하라"(잠 15:18)

여기서 우물과 샘물은 남편의 정액과 아내의 몸을 아울러 상징하고 비유하고 있음을 알 수 있다.

"네 우물에서 물을 마시며 네 샘에서 흐르는 물을 마시라" 할 때의 우물과 샘은 아내의 몸을 비유하고, "어찌하여 네 샘물을 집 밖으로 넘치게 하며 네 도랑물을 거리로 흘러가게 하겠느냐" 할 때의 샘물과 도랑물은 남편의 정액을 비유하고 있다.

"그 물이 네게만 있게 하고 타인과 더불어 그것을 나누지 말라" 할 때의 물 역시 남편의 정액을 비유하고 있는 셈이다.

"네 샘으로 복되게 하라" 할 때의 샘은 아내의 몸을 비유하고 있기도 하고 남편의 몸을 비유하고 있기도 하다. 아내의 몸을 즐거워하고 사랑하여 복되게 하는 것은 곧 남편 자신을 복되게 하는 일이기 때문이다.

젊어서 취한 아내를 즐거워하는 일이 그리 쉬운 일이 아니다. 아내가 갱년기로 접어들어 여성으로서 매력이 점점 엷어지는 시기라면 더욱 더 그러할 것이다. 다행히 「잠언」의 지혜자는 아내를 즐거워하라는 충고만 하고 있지 않고 아내를 즐거워할 수 있는 비결까지 가르쳐 주고 있다. 그 비결은 세 가지로 요약할 수 있겠다.

첫째는 자족할 줄 아는 마음을 가지는 것이다. 지혜자는 남편들에게 "너는 그(아내)의 품을 항상 족하게 여기며"(잠 5:19)라고 했다. 족하게 여긴다는 것은 우선 감사하는 마음을 가지는 것을 뜻한다. 나같이 부족한 남자에게 이런 아내를 주시다니 하고 감사하는 마음을 늘 갖도록 해야 한다. 그리고 수시로 아내에게 감사하다고 말하는 것이 좋다. 사랑한다고 말하는 것보다 감사하다고 말하는 것이 훨씬 더 아내의 마음을 감동시킬지 모른다. 또한 족하게 여긴다는 것은 한 단계 더 나아가 과분하게 여긴다는 뜻도 된다. 과분하게 여기려고 해야 비로소 족하게 여길 수 있는 법이다.

둘째는 "그의 사랑을 항상 연모하라"(잠 5:19)고 했다. 연모는 간절하게 사모한다는 말이다. 부부 관계가 세월이 지나면 무덤덤하게 되고 그것을 자연스런 현상으로 받아들이는 경향이 있는데, 세월이 지날수록 더욱 더 남편은 아내의 사랑을, 아내는 남편의 사랑을 연모하고 어떤 때는 질투도 할 줄 알아야 한다.

셋째는 아내의 모습에 대해 자기 암시를 해야 한다. "그는 사랑스러운 암사슴 같고 아름다운 암노루 같다"(잠 5:19)고 자기 암시를 하고 아내의 모습을 늘 칭찬해 주어야 한다.

26

배꼽은 포도주를 가득 부은
둥근 잔 같고

예술 작품에서 성과 관련된 표현이 어느 정도까지 허용될 수 있느냐 하는 문제는 자고로 심심찮게 논란거리가 되어 왔다. 사회의 종교와 풍속, 윤리관, 개인적인 편차 등 여러 요소를 다 함께 고려해야 하므로 누구도 쉽게 해답을 줄 수 있는 사안이 아니다.

성에 대한 표현이 사회 풍속을 문란하게 할 위험성이 있으면 외설로 판정을 내리긴 하지만 그러한 기준도 해석 여하에 따라 얼마든지 달라질 수 있다. 이전에 간행물 윤리위원회나 신문윤리위원회 같은 데서 나름대로 판단 기준을 마련해 놓기도 했다.

가령, 신문 연재에서 남녀의 성기에 관한 묘사를 세세히 하는 것은 외설 표현에 속한다는 기준 같은 것을 두었다. 물론 이런 기준도 명문화되어 있지는 않다. 그런데 비유인 경우는 어떻게 판정을 내려야 하는지 당국자나 작가나 헷갈리기는 마찬가지이다.

요즈음 서양 영화에서는 이미 남녀의 성기와 음모(陰毛)의 노출은 당연한 것으로 받아들여지고 있다. 그러한 장면이 그 부분만 살짝 가린 화면보다 차라리 덜 자극적일 수 있다. 이상한 모자이크로 그 부분을 가리는 것은 사람을 감질나게 하고 더 자극 받게 한다.

남녀의 몸은 음란한 마음으로 바라보면 음란한 것이고, 예술품을 대하듯 바라보면 그보다 아름다운 작품이 따로 없다. 신의 위대한 창작물이 우리 인간의 육체가 아닌가.

그런데 거룩한 경전이라고 일컬어지는 성서에서도 외설 시비가 일어난 책이 있다. 바로 「아가」이다. 원래 제목은 히브리어로 '쉬르 하쉬림', 즉 '노래 중의 노래'이다. 첫머리에 "솔로몬의 아가라" 하여 저자를 분명히 밝히고 있는데, 솔로몬이 지었다는 1,005개의 노래 중 가장 아름다운 노래들을 모은 책이 「아가」이다.

남녀가 느끼는 사랑의 감정을 빼어난 비유로 표현하고 있는 것이 이 책의 특징이다. 스탕달(Stendhal)의 『연애론』에서 언급되었듯이 남녀가 사랑을 하게 되면 소위 '결정 작용(結晶作用)'이 일어난다. 결정 작용이라는 용어는 독일 잘츠부르크 소금 광산 갱도에 나뭇가지를 두세 달 넣어두면 나뭇가지에 하얀 소금 결정이 맺히는 현상에서 따온 말이다.

우리식으로 쉽게 말하면 눈에 콩깍지가 씌어 상대방의 모든 것이 아름답고 환상적으로 보이기만 하는 현상이다. 특히 상대방 육체의 각 부분들이 그렇게 감미로울 수 없게 여겨진다. 그러다 보니 사랑 표현이 외설에 가까울 정도로 과해지는 것은 당연한 이치이다. 이때야말로 영감으로 가득차서 위대한 시와 문학 작품이 태어날 수 있는 시기이기도 하다.

「아가」도 외설 표현 때문에 성서를 편집할 당시 정경성(正經性, canonicity)에 대한 논란이 있었다. 「아가」가 정경에 포함된 후에도 성서로 인정하지 않는 고지식한 신학자들도 제법 있었다. 「아가」를 어떤 관점에서 해석하느냐에 따라 대략 네 가지 학설이 있다.

첫째는 남녀의 에로틱한 사랑을 노래한 책이라는 '자연주의 해석'이다. 이 해석법을 지지한 사람들은 성서를 모독했다 하여 교회로부터 배척과 핍박을 받아 왔다. 데오도르는 죽고 나서도 서기 553년 콘스탄티노플 제4차 회의에서 정죄를 받기도 하고, 카스텔리오는 1545년 제네바에서 추방당하기도 했다.

둘째는 신과 인간의 사랑을 비유로 표현했다는 '알레고리 해석'이다. 이것이 「아가」에 대한 정통 해석법인 셈인데 18세기 이후에는 유대교와 가톨릭을 제외하고는 별로 지지를 받지 못하고 있다.

셋째는 고대 근동 신들의 결혼과 왕의 결혼에 관한 노래라는 '제의적 해석'이다. 남녀의 사랑은 어떤 면에서는 신성한 제의와도 같으므로 신화와 제의 용어들이 일반인의 사랑을 표현하는 용어로 차용되는 것은 자연스런 현상이다.

넷째는 다윗의 몸 난로 역할을 했던 수넴 여자가 다윗에 대한 정절을 지키기 위해 아들 솔로몬의 구애를 거절하는 내용이라는 '역사주의 해석'이다. 에로티즘 이론에 의하면 에로티즘에는 반드시 상대방의 거절이 개입되어야 하는데, 수넴 여자가 거절하면 할수록 솔로몬은 더욱 애가 타서 그 여인에 대한 연정이 불타올랐는지도 모른다. 그러나 「아가」를 보면 남녀가 실제로 교합하는 장면을 묘사하고 있기도 하므로 수넴 여자가 솔로몬의 구애를 거절했다는 주장은 설득력을 잃고 만다.

「아가」에서도 교합을 가장 강하게 암시하는 대목은 7장 10절에서 13

절까지이다. "나는 내 사랑하는 자에게 속하였도다 그가 나를 사모하는 구나 내 사랑하는 자야 우리가 함께 들로 가서 동네에서 유숙하자 우리가 일찍이 일어나서 포도원으로 가서 포도 움이 돋았는지 꽃술이 퍼졌는지 석류 꽃이 피었는지 보자 거기에서 내가 내 사랑을 네게 주리라 합환채가 향기를 뿜어내고 우리의 문 앞에는 여러 가지 귀한 열매가 새 것 묵은 것으로 마련되었구나 내가 내 사랑하는 자 너를 위하여 쌓아 둔 것이로다"

동네에서 유숙하고 일찍이 일어나 포도원으로 가보자고 했는데 동네 유숙은 교합을 암시하는 말임에 틀림없다. 또한 합환채는 앞서 말했듯이 남녀의 교합을 도와주는 식물이므로 합환채가 향기를 토했다는 것은 교합의 분위기가 무르익었다는 뜻이다.

그리고 7장 2절에서 "배꼽은 섞은 포도주를 가득히 부은 둥근 잔 같고"라고 노래하고 있는 것으로 보아 여인의 은밀한 부위를 이미 보고 그 감촉까지 느꼈음이 분명하다. 벨리 춤을 추는 여인인 경우는 교합과 관계없이 배꼽을 구경할 수도 있겠지만, 포도주를 따라 마실 수 있는 둥근 잔으로 비유한 것은 누워 있는 여인의 배꼽을 보았다는 것을 의미한다.

여인의 배꼽을 술잔 삼아 포도주를 가득 부어 마시고 싶다는 표현만큼 에로틱한 표현도 찾아보기 힘들다. 이런 표현을 어떻게 신과 인간의 사랑을 비유한 것으로 해석할 수 있겠는가.

집요하게 반복되는 유방에 관한 묘사도 교합을 암시하고 있다. "두 유방은 암사슴의 쌍태 새끼 같고"(아 7:3), "네 유방은 그(종려나무) 열매송이 같구나"(아 7:7), "네 유방은 포도송이 같고"(아 7:8). 유방에서 사슴의 쌍태 새끼나 종려나무의 열매, 포도송이를 연상하는 것은 유방의 풍요한 생산성과 관련이 있을 것이다.

유방에 관한 묘사 다음에 나오는 구절 역시 교합을 강하게 암시한다. "네 콧김은 사과 냄새 같고"(아 7:8) 상대방의 콧김을 사과 냄새로 여기려면 몸이 밀착되지 않고는 불가능하다. 입맞춤을 하면서도 상대방의 콧김을 느낄 수 있겠지만 잠자리에서 더욱 친밀하게 상대방의 콧김을 느끼게 되는 법이다.

「아가」에서는 입맞춤도 보통 입맞춤이 아니라 진한 입맞춤을 했다는 흔적이 남아 있다. "네 혀 밑에는 꿀과 젖이 있고"(아 4:11) 혀뿌리까지 닿는 달콤한 입맞춤을 해 보지 않고는 이런 표현이 나올 리 없다. 무엇보다 여성의 은밀한 부분에 관한 표현이 일품이다. "내 누이 내 신부는 잠근 동산이요 덮은 우물이요 봉한 샘이로구나"(아 4:12) 덮은 우물의 뚜껑을 서서히 들어 올리고 봉한 샘을 여는 남자는 얼마나 설렐 것인가.

27

사랑하는 사람의
신체 비유들

문학 표현에서 빼놓을 수 없는 요소는 비유와 상징이다. 비유는 헬라어로 '파라볼레(παραβολη)'라고 한다. '파라'는 옆이라는 뜻을 가진 접두사이고 '볼레'는 동사 '발로(βαλλω)'의 명사형이다. 발로는 '던지다'라는 뜻이다.

그러니까 파라볼레는 옆에 둔 것이라는 뜻으로, 어떤 사물이나 사건을 좀 더 분명하게 이해할 수 있도록 비슷한 사물이나 사건을 옆에 두어 비교하게 하는 것이다. 그 헬라어가 영어에서는 '패러블(parable)'로 남아 있다.

상징도 헬라어로 보면 '순(συν)'과 볼레가 합해진 말로 함께 던지는 것이라는 뜻이다. 역시 어떤 사물이나 사건을 좀 더 분명하게 이해할 수 있도록 비슷한 사물이나 사건을 함께 던지는 것을 가리키는 말이다. 상징은 비유처럼 '옆에' 던지는 게 아니라 '함께' 던지는 것이기 때문에 그 의미가 비유보다 더 깊은 편이다.

비유도 직유와 은유 등으로 구분하는데 가령 '내 마음은 호수같이 맑다'라고 할 때는 직유가 되고 '내 마음은 호수다'라고 할 때는 은유가 된다. 그런데 왜 전자를 직유라 하고 후자를 은유라 하는지 이유를 물어보면 사람들이 고개를 갸우뚱할 뿐 대답을 잘 하지 못한다. 뭐뭐 같이, 뭐뭐처럼이라고 하면 직유가 된다는 식으로 외우기만 했기 때문이다.

'내 마음은 호수같이 맑다'라고 할 때는 호수의 맑은 성질이 내 마음과 직접 연관되기 때문에 직접 비유, 즉 직유가 된다. '내 마음은 호수다'라고 할 때는 호수의 여러 성질 중 어떤 성질이 내 마음과 연관되는지 직접 드러나지 않으므로 은유가 된다. 심리 상태와 삶의 정황에 따라 내 마음과 연관되는 호수의 성질이 달라진다.

성서는 직유와 은유 등 갖가지 비유와 상징으로 충만한 책이다. 특히 노래 중의 노래, 문학 중의 문학인 「아가」는 빼어난 비유와 상징으로 눈이 부실 지경이다. 사랑하는 대상의 신체 부위에 대한 비유들을 차례대로 살펴보기로 한다.

첫째는 머리와 머리카락에 관한 비유들이다. "머리는 갈멜 산 같고 드리운 머리털은 자주 빛이 있으니 왕이 그 머리카락에 매이었구나"(아 7:5) 여기서 갈멜은 히브리어로 농원, 정원, 과수원이라는 뜻이다. 갈멜 산은 이스라엘 북쪽에 위치한 우람한 산이다. 머리가 갈멜 산 같다는 것은 머리카락이 갈멜 산 숲처럼 풍성하여 치렁하게 드리워진 형용을 가리킨다. 그 머리털은 자주 빛으로 우아하기 그지없다.

왕이 사랑하는 여자에게 빠져 꼼짝하지 못하는 모습을 "왕이 그 머리카락에 매이었구나"(아 7:5)라고 표현하고 있다. "머리는 순금 같고 머리털은 고불고불하고 까마귀 같이 검구나"(아 5:11)에서 머리가 순금 같다는 표현은 무슨 뜻일까. 순금은 온전하게 제련된 금으로 순결을 의미하기도 하고 견고함과 단정함을 뜻하기도 한다. 그리스 조각 작품들 중에서 순금 같은 머리를 자주 보게 된다. 이것은 남성이든 여성이든 모두 해당되는 비유법이다.

견고하면서도 단정하고 맑은 얼굴을 보게 될 때 우리는 그 사람의 머리가 순금 같다고 여길 만하다. 그러한 얼굴을 감싸고 있는 머리카락은 모양이 어떠하든지 아름답게 보이겠지만, 까마귀 같이 검고 고불고불한 머리털은 더욱 매력이 있을 것이다.

"네 머리털은 길르앗 산 기슭에 누운 염소 떼 같고"(아 6:5) 여기서는 머리털을 산기슭에 한가로이 누워 있는 염소 떼에 비유하고 있다. 머리털이 굽이굽이를 이루며 드리워진 형용에서 염소의 등을 떠올린 듯하다. 이런 머리털은 평온함을 주기에 충분하다.

둘째는 눈에 관한 비유들이다. "내 사랑아 너는 어여쁘고 어여쁘다 네 눈이 비둘기 같구나"(아 1:15) "내 사랑 너는 어여쁘고도 어여쁘다 너울 속에 있는 네 눈이 비둘기 같고"(아 4:1) 여기서 비둘기의 눈은 한 번에 한 곳만 바라본다. 비둘기는 동시에 여러 곳을 보느라 눈을 흘끗거리지 않는다. 시선이 언제나 안정되어 있다. 두 마음을 품은 자의 눈동자는 늘 불안하다.

맹자(孟子) 선생도 『맹자(孟子)』 '이루장구'편에서 눈과 마음의 관계를 다음과 같이 말한 적이 있다. "사람의 마음을 살펴보는 데는 눈동자보다 더 좋은 것이 없다. 눈동자는 능히 자기의 악을 엄폐하지 못한다. 마음이 올바르면 눈동자가 맑고 마음이 올바르지 않으면 눈동자가 흐려지게 마련이다. 그러므로 그 사람의 말을 주의 깊게 들을 뿐만 아니라 눈동자를 살펴봄으로써 마음 깊숙한 데까지 꿰뚫어 볼 수 있다"

배우자를 두고도 다른 대상을 생각하고 있는 남편과 아내의 눈은 안정감이 없기 마련이다. 한 사람만을 사랑하고 있는 여자나 남자의 눈은 비둘기처럼 평온하고 맑다. 그 눈이 너울 속에 있으니 더욱 아름다울 수밖에 없다.

셋째는 입과 입술에 관한 비유들이다. 사랑의 노래에서 입과 입술에 대한 묘사가 나오지 않을 리 없다. 「아가」에 보면 "입술이 홍색 실 같고"(아 4:3), "입술은 백합화 같고 몰약의 즙이 뚝뚝 떨어지는구나"(아 5:13), "네 입술에서는 꿀방울이 떨어지고"(아 4:11) 등등 입과 입술에 관한 비유들이 가득하다. 여기서 특이한 것은 입과 입술과 관련하여 몰약의 즙, 꿀방울 같은 달콤한 액체와 관련된 비유들이 이어지는 점이다.

입맞춤을 하게 될 때 서로의 입안에 고인 침을 교환한다고 해도 과언이 아니다. 그때 상대방을 얼마나 사랑하느냐에 따라 입안에 고인 침이 얼마나 달콤한지 그 당도(糖度)가 결정된다. "네 입은 좋은 포도주 같을 것이니라 이 포도주는 내 사랑하는 자를 위하여 미끄럽게 흘러내려서 자는 자의 입을 움직이게 하느니라"(아 7:9) 공동번역은 이 구절을 다음과 같이 의역해 놓았다. "잇몸과 입술을 넘어 나오는 포도주 같은 단맛을 그대 입 속에서 맛보게 해다오"

사랑하는 연인의 입안에 고인 침이 오래 묵은 포도주처럼 달콤하여 그 침을 자꾸 들이켜고 싶다는 표현이다. 입맞춤을 하는 자들만이 서로 사랑한다는 말이 있다. 입맞춤을 통하여 사랑을 확인해 가는 과정이 없이는 사랑이 무르익을 수 없다.

28

사랑은 질투를 연료로
타오르는 불길

〈중독〉이니 〈중독된 사랑〉이니 하는 영화 제목들도 있지만 열렬한 사랑에는 반드시 중독 현상 내지는 편집증 증상이 있게 마련이다. 그러한 지독한 집착을 잘 그려낸 영화로는 미카엘 하네케(Michael Haneke) 감독의 〈피아니스트〉를 들 수 있다. 이 영화는 칸 영화제 최초로 그랑프리와 남녀 주연상을 함께 석권한 작품으로 유명하다.

세계에서 가장 사랑받는 피아니스트인 에리카(이자벨 위페르) 앞에 금발의 건장한 청년 클레메(브누와 마지엘)가 나타난다. 하지만 에리카는 마흔 살이고 클레메는 아직 풋내 나는 공대 남학생일 뿐이다. 그러나 클레메의 빼어난 슈베르트 연주를 듣고 나서는 에리카의 마음이 흔들리기 시작한다.

선생과 제자 간에 불온한 사랑이 싹트고 이 사랑은 처음부터 정상 궤도를 이탈한다. 에리카는 음표 하나 틀리는 것을 용납하지 않는 엄격한 피아니스트이지만 레슨이 끝나면 홀로 섹스 숍에 들러 포르노를 보고 자동차 극장에서 연인들의 애무를 훔쳐보며 짜릿한 흥분을 느껴왔는데, 이런 변태성은 제자 클레메와의 관계에서 강도를 더하게 된다.

다른 여학생에게 친밀하게 말을 거는 클레메를 보고 질투를 느낀 에리카는 화장실로 달려가고 그녀의 반응을 몰래 훔쳐보던 클레메는 그 뒤를 쫓아간다. 그들은 화장실에서 격렬하게 키스하며 서로의 사랑을 확인한다.

이제 연인이 되었다고 생각한 클레메에게 에리카가 여러 가지 이상한 지시를 내린다. 클레메는 에리카의 지시를 어떻게 이해해야 할지 혼란에 빠진다. 평범한 남녀 관계에서는 흥분을 느끼지 못하는 에리카의 변태 기질에 클레메는 반발하면서도 끌려 들어가고 만다. 둘의 사랑, 특히 클레메에 대한 에리카의 사랑은 불로 뛰어드는 불나방 같이 죽음도 불사한다.

〈피아니스트〉는 집착의 극단을 보여주는 영화이긴 하지만 대개 남녀의 열렬한 사랑은 서로에 대한 독점욕이 강하다. 서로를 죽여서라도 빼앗기지 않으려는 무서운 집착이 생겨난다.

「아가」의 사랑도 마찬가지이다. 특히 8장 6절, 7절에서 그러한 성격의 사랑을 잘 묘사하고 있다.

"너는 나를 도장 같이 마음에 품고 도장 같이 팔에 두라 사랑은 죽음 같이 강하고 질투는 스올 같이 잔인하며 불길 같이 일어나니 그 기세가 여호와의 불과 같으니라 많은 물도 이 사랑을 끄지 못하겠고 홍수라도 삼키지 못하나니 사람이 그의 온 가산을 다 주고 사랑과 바꾸려 할지라도 오히려 멸시를 받으리라"

자고로 도장은 자기 자신을 증명하고 계약을 체결하는 등 일상생활을 영위하는 데 소중한 물건이다. 사람들은 도장을 목걸이처럼 차고 다니기도 했다. 목자들은 기르는 양과 소들이 자기 것임을 표시하기 위해 쇠로 만든 도장을 불에 달구어 양과 소의 귀나 몸통에 찍어 두기도 했다. 이때 도장은 소유 관계를 분명하게 확정하는 매개물이 되는 셈이다.

"너는 나를 도장 같이 마음에 품고 도장 같이 팔에 두라"(아 8:6)는 구절은 서로 떼려야 뗄 수 없는 관계, 서로를 깊이 소유하는 관계를 의미한다. 그러할 때 사랑은 죽음 같이 강하게 된다. 죽음은 가장 최종적인 폭력이다. 죽음보다 더 강한 폭력은 이 세상에 없다. 사랑은 죽음 같은 무시무시한 폭력이다. 사랑은 죽음이라는 폭력까지도 이기는 폭력이다. 사랑은 죽음조차도 떼어 놓을 수 없다.

사랑은 항상 질투를 연료로 삼아 타오르는 불길이다. 연적(戀敵)은 그 불길을 더욱 타오르게 할 뿐 결코 거두어 갈 수는 없다. 질투는 스올 같이 잔인하다고 했다. 질투는 연적을 죽여서라도 사랑하는 대상을 차지하려는 욕망이다. 또한 질투는 사랑하는 대상을 죽여서라도 연적이 차지하지 못하도록 하는 집착이요 편집증이다.

질투가 한번 일어나면 그 기세가 여호와의 불과 같다. 세상의 불은 물로 끌 수 있지만 여호와의 불은 그 어떤 것으로도 막을 수 없고 끌 수 없다. 이스라엘 백성들이 출애굽하여 나온 광야에서 여호와의 불이 죄인들을 심판할 때 얼마나 맹렬한 기세로 치달렸던가.

그와 같이 세상의 그 어떤 것도 질투의 불길을 끌 수 없다. 바다만큼 많은 물도 끌 수 없고 홍수가 아무리 엄습해 와도 그 불길을 잡을 수 없다. 오래 전에 김상국 가수가 부른 〈불나비 사랑〉 가사에도 "무엇으로 끄나요 사랑의 불길"이라는 구절이 있다. 이 사랑을 돈으로 흥정하여 사려고 하는 자가 있다면 그는 사람들의 비웃음을 받아 마땅하다. 부자가 온 가산을 다 털어서 사려고 해도 살 수 없는 것이 사랑이다.

이 사랑으로 인하여 한 인간이 무한히 행복을 느끼기도 하고 처참하게 파멸되기도 한다. 하지만 지금 사랑에 빠져 있는 자들은 파멸보다는 행복에 대한 기대를 가지게 마련이다. 「아가」의 마지막 구절처럼.

"나의 사랑하는 자야 너는 빨리 달리라 향기로운 산 위에 있는 노루와도 같고 어린 사슴과도 같아라"(아 8:14)

ADDITION

관계 중독

중독 연구자들이 제시하는 여러 유형의 중독은 주로 두 가지로 나눌 수 있다. 알코올과 마약 같은 물질에 중독되는 경우, 섹스, 도박이나 인간관계와 같은 과정(process)에 중독되는 경우다. 미국 사회는 과정 중독 중 특히 인간관계의 중독 현상에 더 많은 관심을 보여 왔다. 1980년대 알코올 중독자 자녀에게 나타나는 정신장애를 가리키는 '동반의존증(co-dependence)' 개념이 주목을 받은 이래, 이 개념은 다양하게 해석되어 널리 알려졌다.

앤 윌슨 샤프(Ann Wilson Schaef)는 이 개념을 '관계 중독'이라고 요약하여 설명하면서, 어떻게 관계 중독의 영역이 개인의 영역을 넘어 단체나 기관 혹은 사회 전체로 퍼졌는지에 대한 통찰을 제시했다. 그는 관계 중독 증상의 하나로 '자기 학대(self-abuse)'를 들고 있다. 자기 학대는 모든 유형의 중독의 바탕에 자리 잡고 있는 심리적 기제이며 또 하나의 중독이다.

특히 자기 학대 중독(addiction to self-abuse)은 신앙공동체의 지도자에게 영향을 줄 뿐만 아니라 그 공동체의 구조에 깊이 침투한다. 즉, 성직자가 헌신하면 할수록 교인들의 의존도는 점점 높아지고, 이러한 의존도에 따라 움직이는 구조가 되고 만다. 경계가 허물어져 자신과 타인을 분리하지 못하면 동반의존증이나 관계 중독이 될 수도 있다.

『한국인의 관계심리학』(권수영 지음, 살림) 참조, 편집부 정리

29

그날에 일곱 여자가
한 남자를 붙잡고

인간이 개인으로나 집단으로 지을 수 있는 죄에 대해 가장 광범위하게 비판하고 통렬하게 책망한 선지자를 들라면 이사야 선지자를 꼽을 수 있다. 이사야라는 이름은 '여호와께서 구원하신다'는 뜻을 지니고 있는데 그는 BC 739년경에 활동하기 시작하여 BC 680년경 남유다 므낫세 왕에 의해 순교를 당했다. 전설에 의하면 므낫세 왕은 이사야의 목을 칼이 아니라 톱으로 켜서 죽였다고 한다.

솔로몬의 아들 르호보암 이후 이스라엘은 북이스라엘과 남유다로 분열되어 서로 대치하는 상황이 되었다. BC 8세기경 근동의 패자가 된 앗시리아는 BC 722년 북이스라엘을 멸망시키고 남유다를 위협하기 시작하였다.

이와 같이 국운이 위기에 처한 시기에 이사야 선지자는 남유다 백성들의 죄를 지적하면서 여호와 하나님께로 돌아올 것을 권면했다. 이스라엘 백성들이 돌아오기를 간절히 바라시는 여호와 하나님의 심정이 「이사야」 첫머리에 잘 나타나 있다.

"하늘이여 들으라 땅이여 귀를 기울이라 여호와께서 말씀하시기를 내가 자식을 양육하였거늘 그들이 나를 거역하였도다 소는 그 임자를 알고 나귀는 그 주인의 구유를 알건마는 이스라엘은 알지 못하고 나의 백성은 깨닫지 못하는도다 하셨도다 슬프다 범죄한 나라요 허물 진 백성이요 행악의 종자요 행위가 부패한 자식이로다 그들이 여호와를 버리며 이스라엘의 거룩하신 이를 만홀히 여겨 멀리하고 물러갔도다 너희가 어찌하여 매를 더 맞으려고 패역을 거듭하느냐 온 머리는 병들었고 온 마음은 피곤하였으며 발바닥에서 머리까지 성한 곳이 없이 상한 것과 터진 것과 새로 맞은 흔적뿐이거늘 그것을 짜며 싸매며 기름으로 부드럽게 함을 받지 못하였도다"(사 1:2-6)

온갖 죄악으로 만신창이가 되었으면서도 매를 더 맞으려고 작정한 자들처럼 더욱 패역한 죄악 가운데로 빠져드는 남유다의 형편을 잘 묘사하고 있다. 이사야는 남유다의 정치 지도자와 관료들을 가리켜 '소돔의 관원'이라 불렀고, 남유다 백성들을 가리켜 '고모라의 백성'이라고 불렀다. 그만큼 나라가 위에서부터 아래까지 썩을 대로 썩었다는 뜻이다.

남유다의 죄악들을 살펴보면 그 목록들이 다음과 같다.

첫째, 우상을 숭배하는 죄이다. "그 땅에는 우상도 가득하므로 그들이 자기 손으로 짓고 자기 손가락으로 만든 것을 경배하여 천한 자도 절하며 귀한 자도 굴복하오니 그들을 용서하지 마옵소서"(사 2:8)

둘째, 재력과 군사력을 의지하며 교만해진 죄이다. "그 땅에는 은금이 가득하고 보화가 무한하며 그 땅에는 마필이 가득하고 병거가 무수하며"

셋째, 지도층 인사들이 사치스럽고 방탕한 생활을 했다. "아침에 일찍이 일어나 독주를 마시며 밤이 깊도록 포도주에 취하는 자들은 화 있을진저 그들이 연회에는 수금과 비파와 소고와 피리와 포도주를 갖추었어도 여호와께서 행하시는 일에 관심을 두지 아니하며 그의 손으로 하신 일을 보지 아니하는도다"(사 5:11-12) "포도주를 마시기에 용감하며 독주를 잘 빚는 자들은 화 있을진저"(사 5:22)

넷째, 부패한 관료들이 뇌물을 먹고 재판을 공평하게 하지 않았다. "그들은 뇌물로 말미암아 악인을 의롭다 하고 의인에게서 그 공의를 빼앗는도다"(사 5:23) "여호와께서 자기 백성의 장로들과 고관들을 심문하러 오시리니 포도원을 삼킨 자는 너희이며 가난한 자에게서 탈취한 물건이 너희의 집에 있도다 어찌하여 너희가 내 백성을 짓밟으며 가난한 자의 얼굴에 맷돌질하느냐 주 만군의 여호와 내가 말하였느니라"(사 3:14-15)

다섯째, 관료와 부자들이 부동산 투기를 일삼았다. "가옥에 가옥을 이으며 전토에 전토를 더하여 빈 틈이 없도록 하고 이 땅 가운데에서 홀로 거주하려 하는 자들은 화 있을진저"(사 5:8)

원래 이스라엘 백성은 여호와 하나님으로부터 땅을 골고루 분배받았다. 그 땅에서 나는 소산물의 십분의 일을 드려 성전을 섬기는 레위인의 양식을 보태 주고 가난한 자와 나그네들을 도왔다. 그런데 부패한 정치로 인하여 부자들은 더욱 부자가 되고 가난한 자들은 더욱 가난하게 되는 부익부빈익빈의 악순환이 이어졌다. 관료와 부자들은 지나치게 많은 가옥과 땅을 차지하고 가난한 자들은 농사지을 땅도 없어 십일조도 드릴 수 없고 성전에 예물도 드릴 수 없는 처지가 되었다. 결국 가난한 자들은 종교 행사에서도 소외되고 말았다.

이와 같이 나라 전체가 부패하게 되면 성윤리의 타락도 극에 달하게 마련이다. "신실하던 성읍이 어찌하여 창기가 되었는고"(사 1:21) "무당의 자식, 간음자와 음녀의 자식들아 너희는 가까이 오라 너희가 누구를 희롱하느냐 누구를 향하여 입을 크게 벌리며 혀를 내미느냐 너희는 패역의 자식, 거짓의 후손이 아니냐 너희가 상수리나무 사이, 모든 푸른 나무 아래서 음욕을 피우며 골짜기 가운데 바위 틈에서 자녀를 도살하는도다"(사 57:3-5)

무엇보다 이런 시대일수록 여자들의 몸가짐이 요란해지고 음란해진다. 이사야 선지자는 남유다 여자들의 화려한 장신구들을 일일이 열거하며 여자들이 받을 형벌을 예언하고 있다.

"여호와께서 또 말씀하시되 시온의 딸들이 교만하여 늘인 목, 정을 통하는 눈으로 다니며 아기작거려 걸으며 발로는 쟁쟁한 소리를 낸다 하시도다 그러므로 주께서 시온의 딸들의 정수리에 딱지가 생기게 하시며 여호와께서 그들의 하체가 드러나게 하시리라 주께서 그날에 그들이 장식한 발목 고리와 머리의 망사와 반달 장식과 귀 고리와 팔목 고리와 얼굴 가리개와 화관과 발목 사슬과 띠와 향합과 호신부와 반지와 코 고리와 예복과 겉옷과 목도리와 손 주머니와 손 거울과 세마포 옷과 머리 수건과 너울을 제하시리니 그때에 썩은 냄새가 향기를 대신하고 노끈이 띠를 대신하고 대머리가 숱한 머리털을 대신하고 굵은 베 옷이 화려한 옷을 대신하고 수치스러운 흔적이 아름다움을 대신할 것이며 너희의 장정은 칼에, 너희의 용사는 전란에 망할 것이며 그 성문은 슬퍼하며 곡할 것이요 시온

은 황폐하여 땅에 앉으리라"^(사 3:16-26)

아기작거려 걷는다는 것은 자연스럽게 걷지 않고 엉덩이를 실룩거리며 유혹하는 몸짓으로 걷는다는 뜻이다. 발로 내는 쟁쟁한 소리는 요란한 신발 소리이기도 하고, 발에 찬 발목 고리나 사슬 장식들이 서로 부딪히는 소리이기도 하다. 코 고리까지 언급되어 있는 것으로 보아 그 당시도 몸 여기저기에 구멍을 뚫는 것이 유행했던 모양이다.

이사야가 얼거한 여자들의 장신구와 의상, 소시품은 요즘 말로 하면 소위 명품에 해당하는 물건들이었다. 이런 물건들을 사기 위해 얼마나 많은 돈을 쓸데없이 낭비했을까.

여자들의 허영을 만족시켜 주기 위해 남자들은 부정한 방법으로 돈을 버는 일을 서슴지 않았고 그 결과 나라 전체가 부정부패로 얼룩지고 기강이 해이해지고 말았다. 그런 나라는 전쟁에 휘말리게 되고 장정과 용사들은 칼과 전란에 망하게 마련이다. 전장에 나간 남자들의 전사 통지가 날아오므로 성문은 슬픈 곡소리가 끊이지 않게 된다.

결국 남자가 귀하게 되어 여자들은 결혼 상대를 찾기 힘들게 되고 음욕을 채우고 싶어도 대상이 없어 쩔쩔매게 되리라고 경고한다. "그 날에 일곱 여자가 한 남자를 붙잡고 말하기를 우리가 우리 떡을 먹으며 우리 옷을 입으리니 다만 당신의 이름으로 우리를 부르게 하여 우리가 수치를 면하게 하라 하리라"^(사 4:1)

이 시대도 남자들뿐만 아니라 여자들이 정신 바짝 차리고 각성하지 않으면 집안과 나라가 망하기 십상이다.

30

타락한 시대의
진정한 성자(聖者)여

한때 교회와 중·고등학교를 중심으로 순결 서약 의식이 유행한 적이 있다. 남녀 청소년들이 결혼 전까지 순결을 지키겠다는 서약을 문서와 말로 선포하는 의식이었다. 한국십대선교회(YFC)가 1994년부터 벌였던 운동이다. 이 운동은 원래 1993년 4월 미국 내쉬빌의 로즈 튤립 그로브 침례교회의 청소년 59명이 결혼 전까지 순결을 지키겠다는 서약을 함으로써 시작되었다.

이 운동은 청소년들에게 다음과 같은 사항을 주지시키고 있다.

- 가정은 거룩한 결합에 의하여 이루어져야 한다.
- 가정의 가치는 순결을 지켜가며 이루어가는 데 있다.
- 상대를 소유하기보다 존중하고 인정하는 법을 배워 인격적인 숭고한 사랑을 간직할 수 있도록 한다.
- 건강한 가정을 가꾸어 나가야 한다.
- 우리 삶의 주인은 예수 그리스도이고 우리는 다만 관리자요 청지기

일 뿐이다.

- 그러므로 무분별한 성적 타락에 빠지지 않도록 자신의 몸과 마음을 소중히 다루고 관리할 줄 알아야 한다.

이러한 청소년 순결 지키기 운동을 효과적으로 전개하기 위해 미국의 자료를 근거로 한 '순결 서약 교재'와 '순결 카드' 그리고 '순결 배지(badge)' 등을 제작하여 활용하고 있다. 미국에서는 순결 서약 반지를 손가락에 끼고 다니기도 한다.

그러나 현실적으로는 많은 어려움과 한계를 안고 있다. 순결 서약을 지켜 나갈 수 있는 사회 환경을 조성하고 일종의 성교육이라 할 수 있는 순결 교육도 지속성을 가지고 실시되어야 한다. 그렇지 못한 경우 순결 서약만 해 놓고 순결을 상실하기 십상이어서 차라리 순결 서약을 하지 않느니만 못한 결과를 초래할 수도 있다.

성서에서도 함부로 맹세하거나 서약하지 말라고 했는데 그 이유는 맹세와 서약을 지키지 못하게 되면 오히려 깊은 죄의식과 좌절에 빠지기 때문이다.

성서는 순결을 강조하면서도 순결을 상실했을 경우에 대처할 방책도 제시하고 있다. 청소년들은 어쩌면 순결 서약보다도 순결 상실 대처법이 더욱 필요한지도 모른다. 순결을 상실했을 때 잘못 대처하게 되면 영영 헤어 나올 수 없는 타락의 늪으로 빠지기 쉽다.

더 나아가 청소년들에게만 순결 서약을 받을 것이 아니라 이미 결혼한 부부들도 순결 서약을 하도록 하는 운동이 절실히 필요한 시대이다. 배우자의 외도로 인해 가정이 파괴되려고 할 때 외도한 배우자가 잘못을 뉘우치고 가정을 지키겠다고 하면 부부가 다시금 결혼하는 심정으로 순결 서약을 하는 것도 하나의 방편이 될 수 있을 것이다.

그러한 부부의 순결 서약이 BC 750년 무렵에 북이스라엘의 선지자 호세아에 의해 세워졌다는 사실은 무척 흥미로운 일이다.

"여호와께서 내게 이르시되 이스라엘 자손이 다른 신을 섬기고 건포도 과자를 즐길지라도 여호와가 그들을 사랑하나니 너는 또 가서 타인의 사랑을 받아 음녀가 된 그 여자를 사랑하라 하시기로 내가 은 열다섯 개와 보리 한 호멜 반으로 나를 위하여 그를 사고 그에게 이르기를 너는 많은 날 동안 나와 함께 지내고 음행하지 말며 다른 남자를 따르지 말라 나도 네게 그리하리라 하였노라"(호 3:1-3)

여기서 보면 "너는 또 가서 타인의 사랑을 받아 음녀가 된 그 여인을 사랑하라"는 구절이 나온다. '또 가서'라고 한 것을 보면 호세아의 아내에게 문제가 많았던 것을 알 수 있다. 남자라면 누구나 순결한 여자를 아내로 맞고 싶어 할 것이다. 그런데 호세아 선지자에게는 여호와로부터 이상한 명령이 떨어졌다. "너는 가서 음란한 여자를 맞이하여 음란한 자식들을 낳으라"(호 1:2)

음란한 여자는 몸을 파는 여자라고 할 수 있다. 여호와의 말씀을 선포하는 거룩한 주의 종에게 이런 여자를 아내로 삼으라고 하다니 반발할 법도 하건만 호세아는 여호와의 명령에 순종하여 음란한 여자인 디블라임의 딸 고멜을 맞이하여 아내로 삼았다.

이와 같이 여호와께서 당신의 종에게 감당하기 곤란한 일을 시킨 이유는 "이 나라가 여호와를 떠나 크게 음란함이니라"(호 1:2)는 구절에서 찾아볼 수 있다. 몸을 파는 여자처럼 타락해 버린 이스라엘을 그래도 사랑하고 품어야 하는 여호와의 심정을 이해하기 위해서는 음란한 여자를 아내로 맞아 보아야 한다는 것이다.

호세아 선지자는 이스라엘 백성들의 죄를 대신 감당하는 짐을 진 셈이다. 이스라엘이 이렇게까지 타락하지 않았다면 호세아가 거북하기 그지없는 그런 결혼을 하지도 않았을 것이다.

'호세아'라는 이름은 원래 여호수아가 줄어든 말이고 호세아는 신약으로 넘어오면 예수라는 이름으로 줄어든다. 세 이름 모두 '구원'이라는 뜻이다.

호세아는 고멜이라는 한 여자를 구원하였고, 타락한 이스라엘을 그래도 사랑하고 품고 있는 여호와의 마음을 전함으로써 이스라엘을 회개시키고 구원하려고 했다. 이러한 여호와 하나님의 사랑을 거부하고 계속 우상을 숭배하며 타락의 길을 가게 되면 어떠한 멸망이 기다리고 있는지 경고했다.

그런 경고의 차원으로 호세아는 아내 고멜이 아들을 낳았을 때 여호와의 지시를 따라 '이스르엘'이라는 이름을 붙여 주었다. 이스라엘이 여호와의 말씀을 무시하면 이스르엘 골짜기에서 심판하시겠다는 뜻이 호세아 아들의 이름에 담겨 있었다.

첫째 딸이 태어났을 때는 '로루하마'라고 이름을 붙여 주었다. '로'는 영어의 '노(no)'와 같은 뜻이고 '루하마'는 긍휼이라는 뜻이다. 그러므로 로루하마라는 이름은 여호와 하나님께서 이스라엘을 긍휼히 여기지 않겠다는 경고를 담고 있다.

둘째 딸이 태어났을 때는 '로아미'라는 이름을 붙여 주었다. '아미'는 백성을 뜻하므로 하나님께서 이스라엘을 더 이상 당신의 백성으로 인정하지 않겠다는 경고를 담고 있다.

아들과 딸들의 성명까지 심판과 경고의 의미가 담긴 이름으로 하였으나 이스라엘은 끝내 호세아 선지자의 선포를 귀담아 듣지 않고 불순종하다가 BC 722년 바벨론 제국에 의해 멸망당하고 만다.

한편 호세아가 하나님의 말씀을 선포하고 다니느라 아내를 소홀히 대한 모양이다. 아내 고멜이 다른 남자와 연애질을 하여 그 남자에게로 도망을 가고 말았다. 그런 여자를 다시 데리고 와서 같이 살라고 하니 호세아는 여호와 하나님이 원망스러울 법도 하다.

하지만 호세아는 이번에도 여호와의 말씀에 순종하여 일정한 대가를 지불하고 고멜을 데리고 와서 함께 부부의 순결 서약을 했다. 호세아여, 호세아여, 타락한 시대의 진정한 성자(聖者)여!

PART 7

예수 시대 **1**

인간의 나약함을 잘 아는 예수

또 간음하지 말라 하였다는 것을 너희가 들었으나
마태복음 5장 27절

31

마리아의 임신으로
고민하는 요셉

「야고보의 원복음서」라는 신약 외경은 원복음서라는 말이 의미하고 있듯이 예수의 행적과 말씀을 기록한 책이 아니라 예수의 탄생에 대한 기사를 담고 있는 책이다. 그 책은 구체적인 역사적 사실에 기초했다기보다 문학적 상상력이 듬뿍 가미된 내용으로 채워져 있다. 그중 예수의 어머니 마리아에 대한 이야기도 보인다.

마리아는 세 살부터 성전에 바쳐져 '비둘기와 같이 보호되고 천사의 손에서 음식을 받아'먹었다. 열두 살이 되었을 때 제사장들은 마리아가 초경을 치를 것을 걱정하여 성전이 더럽혀지지 않도록 하려면 어떻게 해야 하나 고심했다.

그때 주의 천사가 나타나 이스라엘 백성들 중에서 홀아비가 된 사람들을 불러 모으라고 했다. 홀아비들은 각각 지팡이를 가지고 와야만 했다. 지팡이들 중 기적이 일어나는 지팡이의 주인이 마리아의 남편이 될 것이라고 했다.

전국의 홀아비들이 예루살렘 성전으로 모였다. 대제사장은 그들이 가지고 온 지팡이를 들고 성전으로 들어가 기도한 후에 다시 나와서 지팡이를 홀아비들에게 나눠 주었다. 그런데 다른 지팡이들에서는 아무 일도 일어나지 않았으나 요셉의 지팡이에서는 비둘기가 솟아 나와 그의 머리 위에 날아 앉았다. 그리하여 요셉이 마리아의 남편이 되었다.

그 당시 이스라엘에서는 처녀가 혼인을 한 다음에도 신랑과 성관계를 맺지 않은 채 친정에 눌러 사는 관습이 있었다. 그러다가 1년 후 신랑이 처가로 와서 신부를 시집으로 데리고 갔다.

마리아는 그 기간을 지내며 요셉과 합하여 가정을 이룰 꿈을 꾸고 있었다. 얼마나 마음 설레는 기간이었는지 모른다. 요셉도 경건한 청년이라 두 사람은 그 기간 동안 서로 순결을 지킬 것을 굳게 약속했다. 예비 신부로서 마리아는 하루하루 날짜가 가는 것이 더디게 느껴지기만 했다.

그런데 6개월쯤 지났을 때 요셉이 마리아가 잉태한 사실을 알게 되었다. 요셉에게는 청천벽력과도 같은 충격이었다. 요셉이 느낀 배신감은 이루 형용할 수 없었다. 요셉은 자기 얼굴을 치며 굵은 베 위에 몸을 던지고 심히 울며 소리쳤다.

"무슨 면목으로 주 하나님을 뵐 수 있겠는가. 나는 이 처녀를 위하여 어떻게 기도한단 말인가. 나는 그녀를 나의 주 하나님 성전에서 받아들였는데 그녀는 순결을 지키지 않았구나. 나를 이토록 비참하게 만든 자가 누구냐. 누가 내 집에서 이 악행을 저질러 이 처녀를 욕되게 하였는가. 아담에게 일어난 일이 내게도 일어난 것인가. 아담이 찬미의 기도를 드리고 있는 사이에 뱀이 와서 하와가 혼자 있는 것을 보고 그녀를 속였던 것처럼 이와 똑같은 일이 내게도 일어났구나."

그런 다음 요셉은 몸을 일으켜 마리아를 불러 따져 물었다.

"하나님의 보살핌 가운데 있는 네가 어찌하여 이런 일을 저질렀단 말이 냐. 너의 주 하나님을 잊어버렸단 말이냐. 지성소에서 살며 천사의 손에 서 음식을 받고 있던 네가 어찌하여 마음을 비천하게 먹었단 말이냐"

마리아가 크게 울며 대답했다.

"나는 결백하며 또한 남자를 알지 못합니다."

"그렇다면 네 배 속의 아이는 어디서 왔단 말이냐?"

"나의 주 하나님은 살아계십니다. 나는 어떻게 하여 아이가 생겼는지 알 지 못합니다."

요셉은 마리아의 대답을 듣고 나니 더욱 혼돈스럽기만 했다. 그는 마리 아 문제를 어떻게 처리해야 하나 고심했다.

"만일 내가 그녀의 죄를 숨긴다면 나는 하나님의 율법을 위반하는 자가 된다. 만일 이스라엘 백성들에게 그녀를 내어놓는다면 그들은 그녀를 석 형에 처할 것이다. 그녀의 배 속에 있는 아이가 천사의 지시대로 성령에 의해 생긴 것이라면 나는 죄 없는 피를 흘리는 자가 될 것이다. 이 일을 어떡하면 좋단 말인가. 다른 사람 몰래 그녀와 파혼하고 헤어지는 수밖 에 없는 것인가."

이와 같이 「야고보의 원복음서」에서 비교적 자세히 묘사된 요셉의 갈 등을 「마태복음」에서는 단 한 줄로 처리하고 있다. "그의 남편 요셉은 의 로운 사람이라 저를 드러내지 아니하고 가만히 끊고자 하여 이 일을 생각 할 때에"(마 1:19-20) 이 짧은 구절 속에 요셉의 온갖 사념과 분노와 갈등들이 녹아 있는 셈이다.

성질 사나운 남자 같았으면 여자의 머리채를 틀어쥐고 온 동네를 끌고 다니며 이 화냥년을 보라고 고래고래 고함을 쳤을 것이나 요셉은 마리아를 아끼고 사랑한 나머지 가만히 파혼하는 방향으로 생각을 정리하고 있었다.

이때 요셉의 꿈에 천사가 나타나 지시했다. "다윗의 자손 요셉아 네 아내 마리아 데려오기를 무서워하지 말라 그에게 잉태된 자는 성령으로 된 것이라 아들을 낳으리니 이름을 예수라 하라 이는 그가 자기 백성을 그들의 죄에서 구원할 자이심이라"(마 1:20-21) 요셉은 잠에서 깨어나 천사의 지시대로 마리아를 데리고 와 아내로 삼고 아들을 낳기까지 동침하지 아니했다.

신약 복음서에는 나타나 있지 않지만 「야고보의 원복음서」에는 요셉이 마리아를 데리고 옴으로써 큰 곤경에 처하게 된다. 요셉이 순결을 지켜야 할 기간에 마리아와 동침하여 아이를 배게 했다는 것이다.

이 문제로 제사장들이 회의를 하고 요셉과 마리아를 불러 신문했다. 요셉과 마리아는 제사장들 앞에서 이 일은 살아 계신 하나님으로 말미암아 이루어진 것으로 자기들은 동침한 사실이 없다고 결백을 주장했다.

그러자 판결을 맡은 제사장이 선고를 내렸다. "위증을 해서는 안 된다. 요셉은 마리아와 은밀히 동침하고 그 사실을 이스라엘 백성들에게 밝히지 않았다. 그러므로 요셉은 성전에서 받아들인 마리아를 반환하도록 하라." 마리아를 반환하라는 말에 요셉은 눈물을 흘렸다. 제사장의 선고가 계속 이어졌다. "너희에게 저주의 물을 마시게 하겠다. 그러면 너희의 죄를 너희 눈앞에 드러낼 것이다."

여기서 '저주의 물'은 「민수기」 5장 11절 이하에 나오는 율법에 근거를 두고 있다. 아내가 몰래 다른 남자와 간통했다고 남편이 의심하는 경우에 제사장이 판결을 내리는 방법이 제시되어 있다. 제사장은 토기에 거룩한 물을 붓고 성막 바닥의 티끌을 취하여 토기에 넣은 후 여자를 불러와 선포한다.

"네가 네 남편을 두고 탈선하여 다른 남자와 동침하여 더럽힌 일이 없으면 저주가 되게 하는 이 쓴 물의 해독을 면하리라 그러나 네가 네 남편을 두고 탈선하여 몸을 더럽혀서 네 남편 아닌 사람과 동침하였으면 (제사장이 그 여인에게 저주의 맹세를 하게 하고 그 여인에게 말할지니라) 여호와께서 네 넓적다리가 마르고 네 배가 부어서 네가 네 백성 중에 저줏거리 맹셋거리가 되게 하실지라 이 저주가 되게 하는 이 물이 네 창자에 들어가서 네 배를 붓게 하고 네 넓적다리를 마르게 하리라"(민 5:19-22)

여자는 제사장의 선포에 "아멘 아멘" 해야 한다. 그 다음 제사장은 저주의 말을 두루마리에 써서 토기의 물에 빨아 녹아들게 한다. 그러면 저주의 쓴 물이 되는데 그 물을 여자에게 마시게 하고 반응을 살핀다.

이런 절차를 요셉과 마리아도 거쳤지만 그들 몸에서는 아무 증상도 나타나지 않아 동침 혐의가 풀리게 된다. 마리아가 순결을 지켰으므로 요셉은 그래도 덜 고통스러웠겠지만 실제로 다른 남자와 간통하는 아내를 둔 남편의 고통은 「잠언」 12장 4절처럼 뼈가 썩고 타는 듯할 것이다. "어진 여인은 그 지아비의 면류관이나 욕을 끼치는 여인은 그 지아비의 뼈가 썩음 같게 하느니라"(잠 12:4)

32

선지자 세례 요한의
목을 가져가다니

이라크 전쟁과 테러의 와중에서 '참수(斬首)'라는 단어가 심심찮게 뉴스에 등장했다. 머리를 베어 죽게 하는 참수형은 인류 역사상 가장 오래된 사형 방법 중의 하나이다. 참수의 참 자는 차(車) 변에 도끼 근(斤)이 붙은 글자이다.

고대에는 잘 드는 칼이 없었으므로 머리를 벨 때 도끼를 사용했던 모양이다. 그러다가 칼이 발달됨에 따라 장검으로 머리를 베게 되었다. 장검을 휘두르며 죄수의 목을 베는 사형 집행인을 가리켜 '망나니'라고 불렀다는 것은 다 아는 사실이다. 프랑스 혁명 때 반역자들의 목을 효과적으로 베기 위해 저 유명한 기요틴이 활용되었다.

그런데 현대에 이르러 도끼도 아니요 장검도 아니요 기요틴도 아닌 단도로 사람의 목을 썰다시피 베어 내는 원시적인 작태가 벌어졌다. 페이지마다 목을 베는 끔찍한 장면들이 이어지는, 「삼국지」가 베스트셀러가 되어 있는 우리 사회에서는 참수형이 그리 낯설지는 않지만, 역사 소설에 등장하는 그러한 장면과 현실에서 벌어지는 현상은 충격의 강도가 사뭇 다르다.

구약 성서에서는 참수형이 간혹 나오기도 하는데 신약에서는 세례 요한과 관련된 기사 이외에는 거의 언급이 없다. 세례 요한의 머리가 도끼로 잘렸을까 장검으로 잘렸을까 따져 보는 일은 별로 의미가 없다. 세례 요한의 경우는 살린 머리가 소반에 남겨 철없는 여자 아이와 간악한 어미에게 선물로 바쳐졌다는 데 비극성이 있다.

세례 요한이 참수형을 당한 것은 그 당시 임금이었던 헤롯 왕의 애정 행각을 거세게 비판했기 때문이다. 여기서 헤롯 왕은 예수가 태어날 시기에 생존했던 헤롯 대왕의 아들 헤롯 안디바이다. 헤롯 대왕은 자기 왕위를 노린다는 혐의를 뒤집어씌워 아들들과 아내들까지 무자비하게 죽인 임금이다. 간신히 살아남은 세 아들들에게 이스라엘을 세 등분으로 나누어 다스리도록 유언을 남기고 그는 BC 4년 3월에 세상을 떠났다.

헤롯 안디바는 갈릴리 지역을 다스리는 분봉왕이 되어 꽤 정치를 잘해 나갔다. 로마 당국의 비위도 맞추어 가면서 자신의 꿈인 헬레니즘 문화 창달을 위해 노력했다. 그가 벌인 가장 중요한 사업으로는 갈릴리 호수 서안에 디베랴 신도시를 건설하는 일이었다.

디베랴는 그 당시 로마 황제 디베료를 송축하기 위해 붙인 지명이었다. 그래서 갈릴리 호수가 디베랴 호수로 불리기도 했다. 그런데 디베랴 신도시에는 유대인이 아닌 이방인이 대거 이주하여 살게 되었기 때문에 유대인의 지탄을 받았다.

혜롯 왕은 재임 초기에 나바티안 왕 아레타스의 딸과 혼인하여 20년 이상 결혼 생활을 유지했다. 그러다가 그의 이복형인 아리스토불루스의 딸이요 이복동생 혜롯 빌립의 아내인 헤로디아에게 반하여 그 여인을 얻기 위해 집요하게 구애했다.

혜롯 빌립은 분봉왕 빌립과는 다른 인물로, 한때 혜롯 대왕이 왕위 계승자로 지명하기도 했지만 이제는 권력층에서 밀려나 평범한 서민으로 살아가고 있었다. 헤로디아는 삼촌과 결혼한 셈인데 혜롯 가계에서는 삼촌과 조카의 혼인이 빈번하게 이루어졌다. 혜롯 가계의 쇠잔은 아마도 이러한 근친결혼에도 원인이 있을 것이다.

혜롯 왕은 로마로 가는 여행길에 혜롯 빌립 부부를 초대하여 같은 숙박 시설에서 그들과 유숙하게 되었다. 혜롯 왕에게는 헤로디아에게 구애할 수 있는 좋은 기회가 찾아온 셈이었다. 애욕은 인륜이고 뭐고 사람의 눈을 멀게 하는 모양이다. 버젓이 남편이 있고 그 남편이 자기 이복동생인데도 혜롯 왕은 헤로디아를 차지하기 위해 온갖 술수를 다 썼다.

남편이 잠든 틈을 타서 헤로디아를 은밀히 불러내어 사랑을 고백하고 자기와 결혼해 줄 것을 호소했다. 다음날 아침에는 혜롯 왕이 아무 일이 없었던 것처럼 혜롯 빌립 부부를 대했다. 이런 식으로 며칠 동안 계속 된 혜롯 왕의 구애 작전에 헤로디아의 마음도 흔들리기 시작했다. 혜롯 빌립은 바로 자기 옆에서 이런 사태가 벌어지고 있는 사실을 전혀 눈치채지 못했다. 헤로디아는 서민으로 전락한 현재의 남편 빌립과 최고 권력자인 혜롯 왕을 재빠르게 비교해 보았을 것이다.

마침내 헤로디아는 혜롯 왕에게로 가기로 마음을 굳히고 한 가지 조건을 제시했다.

"당신에게는 나바티안 왕 아레타스의 딸이 당신 아내로 버젓이 있잖아요? 그 여자는 어떡하실 건가요?"

헤롯 왕은 자기 아버지 헤롯 대왕이 여러 여자를 아내로 삼고 있었던 사실을 떠올렸다. 헤롯 대왕은 하스모니안의 공주 마리암, 대제사장 시몬의 딸인 또 다른 마리암, 헤롯 왕의 어머니이기도 한 사마리아 여인 말다크, 분봉왕 빌립의 어머니인 예루살렘 출신의 클레오파트라 등등 여러 여자를 한꺼번에 서느렸다.

헤롯 왕은 애초에는 지금 아내로 있는 나바티안 공주를 버릴 생각은 없었다. 헤로디아를 또 한 명의 아내로 받아들이고 싶었을 뿐이었다. 그런데 헤로디아는 헤롯 왕의 유일한 아내가 되기를 원했다.

"저를 얻으시려면 지금 당신의 아내로 있는 나바티안 공주를 버리시겠다는 약속을 하셔야 해요."

"아내를 버리다니? 어떻게 버린단 말이오?"

헤롯 왕으로서는 나바티안 공주를 버린다는 것이 그리 간단한 일이 아니었다. 나바티안 왕 아레타스가 아직도 살아 있으므로 어떠한 보복을 당할지도 알 수 없고 백성의 눈치도 보아야 할 사안이었다. 이 일로 로마 당국에 밉보이면 정치 생명도 끝장날 위험성이 있었다.

"버리는 방법에도 여러 가지가 있지요."

헤로디아가 직접적으로 발설하지는 않았지만 그녀가 무엇을 요구하고 있는지는 짐작할 수 있었다. 가장 좋은 방법은 서서히 독을 먹여 병들어 죽게 하는 것이었다. 병들어 죽었는데 누가 뭐라 할 것인가.

그러나 나바티안 공주는 헤로디아보다 더 현명했다. 헤롯 왕의 마음이 헤로디아에게로 쏠리고 있는 것을 이미 눈치챈 나바티안 공주는 지금 로마 여행길에서 무슨 일이 벌어지고 있는지 보지 않아도 훤히 알 수 있었다. 그녀는 헤롯 일행이 돌아오기 전에 자신의 거처를 나바티안 국경 근처 마채루스의 베리아 궁전으로 옮겼다. 거기서 기회를 엿보고 있다가 자기 아버지 왕국으로 건너가 목숨을 보존했다.

나바티안 공주가 사라진 것이 다행인지 화인지 아직은 알 수 없었으나 헤로디아가 헤롯 왕의 아내로 들어서는 데 방해물이 제거된 것만은 확실했다. 이 일은 경건한 유대인들의 비위를 건드리고 급기야 세례 요한이 헤롯 왕의 애정 행각을 심하게 비판했다. 헤롯 왕은 세례 요한을 옥에 가두기는 했지만 그의 질책을 들으면 그래도 양심이 남아 있었는지 가책을 느끼기도 했다.

그러나 헤로디아는 세례 요한을 원수로 여기고 죽일 기회를 엿보았다. 마침 헤롯이 생일잔치에서 헤로디아의 딸의 춤 솜씨에 반하여 선물을 주겠다고 하자 헤로디아는 딸에게 세례 요한의 목을 요구하라고 충동질했다. 정치권력가의 무분별한 애정 행각이 선지자 중의 선지자 세례 요한의 목을 가져가다니 역사의 아이러니가 아닐 수 없다.

ADDITION

외도

커플의 대화에 대한 연구를 지속해 온 존 카트만(John M. Gottman)은 '외도'를 파트너에게 자신의 행동을 말하지 않고 숨기는 것이라 정의했다. 다른 이성을 만나는 것만이 아니라 감추고 속이는 것을 통틀어 일컬었다. 진화심리학자 데이비드 버스(David M. Buss)나 윌라드 할리(Willard F. Harley)는 외도를 성적 외도와 정서적 외도로 구분했다. 하지만 정서적 외도는 성적 외도로 발전할 가능성이 있으므로 위협적이기는 마찬가지라고 주장했다. 불륜을 연구한 학자 에밀리 브라운(Emily M. Brown)은 결혼 생활에 쏟을 삶의 에너지를 다른 이성에게 쏟는다면 무조건 외도라고 했으며, 정서적인 부분을 훨씬 중요하게 생각해야 한다고도 했다.

이러한 의견을 종합해 보면 외도는 배신의 문제이다. 이미 불륜 이전에 서로의 욕구와 기대를 충족시킬 수 없는 관계의 악화가 있었을 가능성이 높다. 관계의 틀어짐은 소통의 부재와 함께 신뢰를 깨어버리고 배신으로 이어지는 것이다. 결국 불륜은 남녀 관계가 실패로 돌아가게 하는 원인이라기보다는 결과로 보는 것이 옳다. 곧 불륜은 실패한 남녀 관계의 징후이자 사랑이 식어버렸음을 보여주는 표식이다. 어쩌면 상대방의 불륜 자체에 대한 충격보다는 관계의 어그러짐을 깨달아 버리는 데서 오는 충격과 고통이 더 클 것이다.

『진화심리학』(데이비드 버스 지음, 이충호 옮김, 웅진지식하우스) 참조, 편집부 정리

33

마리아는 과연
성생활을 했을까?

중세 기독교의 중요한 화두들 중 하나는 '예수의 어머니 마리아는 과연 성생활을 했을까' 하는 문제였다. 성생활 자체를 꺼림칙하게 여긴다거나 부정한 것으로 여기는 사람들은 이런 문제를 꺼내는 것조차 싫어할 것이 틀림없다. 더군다나 '하나님의 어머니'로까지 추앙을 받는 예수의 모친을 두고 이런 문제를 논하는 것은 불경죄라고 판단할 것이다.

그러나 우리가 여기서 먼저 짚고 넘어갈 사항은 성욕이라는 것이 원래는 하나님의 축복으로 주어졌다는 사실이다. 건전한 가정에서는 성욕이 자손의 번성과 아울러 부부 사랑의 원동력이 된다. 물론 부부 사랑이 성욕으로만 이루어지는 것은 아니지만 말이다.

성욕이 원래 하나님의 축복이었다 하더라도 우리가 추앙하는 인물은 성생활만큼은 하지 않는 존재였으면 하는 바람을 무의식적으로 가지고 있다. 기도를 드리고 예배를 드리는 종교적 대상일수록 그러한 바람의 강도는 세어지는 법이다. 많은 예배 대상이 인간의 바람들이 투사(projction)

되어 미화되고 신성시된다는 것은 널리 알려진 사실이다.

마리아의 경우는 일생 동안 성생활을 하지 않았을 뿐만 아니라 무죄한 존재로 승천까지 했다는 교리가 형성되기도 했다. 승천 교리도 교황이 일방적으로 선포한 것이 아니라 교인들의 청원에 의한 것이었다. 1869년에서 1940년까지 3,018건의 교황청 청원을 분석한 결과 96퍼센트가 마리아 승천이 교의로 선포되기를 염원한 내용들이었다.

그러한 열화와 같은 청원을 받아들여 교황 비오 12세가 마침내 1950년 11월 1일 '모든 성인의 축일'에 '성모 승천'을 교의로 선포했다. 그동안 성모 마리아 승천은 교인들 사이에 전통적으로 내려오는 신앙으로만 존재해 오다가 드디어 1950년에 이르러 공식 교의로 인정받게 되었다.

성모 승천 교리에 여러 난제들이 있어 역대 교황들이 공식 교의로 선포하는 것을 머뭇거려 왔는데 오히려 현대에 와서 그 교리를 정식으로 채택하였으니 현대인의 신심이 더 강해진 것일까. 아무튼 마리아를 죄 없는 존재로 상정하다 보면 죽어서도 예수처럼 부활해야 하고 부활한 후에는 역시 예수처럼 승천해야 한다는 논리가 성립될 수밖에 없었다.

그러나 과연 마리아는 일생 동안 성생활을 하지 않은 동정녀로 하나님의 선택을 받은 이후에는 죄가 없는 존재가 되어 죽어서도 부활 승천했을까?

가장 문제가 되는 것은 신약 성서에 나오는 '예수의 형제들'이라는 용어이다. 「마가복음」 3장과 「마태복음」 12장에 보면 예수가 사람들을 가르치고 있는데 어머니 마리아와 예수의 동생들이 예수를 찾으러 오는 대목이 나온다.

「마태복음」 13장에 보면 예수가 고향 나사렛에 들렀을 때 동네 사람들이 이렇게 수군거린다. "이는 그 목수의 아들이 아니냐 그 어머니는 마리아, 그 형제들은 야고보, 요셉, 시몬, 유다라 하지 않느냐 그 누이들은 다 우리와 함께 있지 아니하냐"(마 13:55-56) 정확하게 이름까지 기록되어 있는 예수의 형제와 누이들은 도대체 누가 낳은 자식들인가. 마리아의 동정성을 훼손하지 않으려면 이들을 마리아가 낳은 것으로 해서는 안 된다.

그래서 두 가지 유력한 학설이 전개되었다. 하나는 여기서 거론된 예수의 형제와 누이들은 예수의 친형제나 친남매지간이 아니라 예수의 사촌이거나 가까운 친척들을 가리킨다는 설명이다. 헬라어에서 형제나 누이를 표현하는 단어가 영어에서처럼 보다 넓은 뜻을 가지고 있어 그럴 듯한 해석이기도 하다.

그런데 나사렛 사람들이 고향 출신인 예수의 혈통을 따지면서 "그 목수의 아들이 아니냐 그 어머니는 마리아가 아니냐"라고 할 때 굳이 사촌 형제나 사촌 누이들을 들먹거릴 필요가 있었을까. 아버지와 어머니에 관한 언급 다음에 친형제나 친누이에 관한 언급이 나오는 것이 자연스럽지 않은가. 만약 사촌들이라면 이름을 이렇게 상세히 열거하지도 않았을 것이다.

이런 사촌 학설은 구차한 면이 없잖아 있기에 좀 더 그럴 듯한 설명을 내세우기 시작했다. 마리아와 정혼한 요셉을 홀아비로 설정하여 전처로부터 제법 많은 자식을 이미 낳았다고 하면 이 문제는 쾌도난마식으로 시원하게 해결된다.

마리아는 처녀였지만 한 번 결혼한 적이 있는 홀아비에게 시집을 가서 예수를 낳고 남편의 전처가 낳은 자식들을 돌보게 되었다는 것이다. 이런 줄거리를 기초로 하고 있는 책이 바로 「야고보의 원복음서」이다. 마리아의 동정성을 변증하는 학자들도 외경에 해당하는 「야고보의 원복음서」를 어느 신약 성서 못지않게 권위를 부여해 가면서 인용한다.

하지만 마리아가 세 살 적부터 성전에 바쳐져 천사의 손에서 음식을 받아먹었다는 기록만 보아도 「야고보의 원복음서」가 얼마나 황당한 책인지 금방 드러난다. 전국의 홀아비들로 하여금 지팡이를 가지고 성전으로 모이게 하여 지팡이에서 기적이 일어나는 사람이 마리아의 남편이 되도록 한다는 이야기는 아무리 상상력을 발휘해서 썼다고 해도 어색하기 그지없다.

「야고보의 원복음서」에서 가장 인상적인 대목은 요셉이 동굴에서 산고를 치르는 마리아를 위해 산파를 구하러 가다가 목격했다는 광경이다. 그 대목을 그대로 인용하면 다음과 같다.

"이렇게 나 요셉은 걷고 있는 것 같았으나 사실은 걷고 있지 않았다. 그래서 공중을 쳐다보니 대기는 응고되어 있었다. 또 천궁을 쳐다보니 그것이 정지하여 하늘의 새가 살며시 멈추고 있는 것이 보였다. 지상을 보니 그릇이 놓여 있고 일하던 사람들이 식사하는 자리에 앉아 손이 그릇 속에 들어가 있는 것이 보였다. 그런데 씹으려고 하는 사람이 씹지 않고 있으며 집으려고 하는 사람도 집어 올리지 않으며 입으로 가져가려는 사람도 가져가지 않고 모두의 얼굴은 위로 쳐다본 채로 있었다."

이런 식으로 양을 쫓아가던 목자도 지팡이를 손에 든 채 정지되어 있고, 달아나는 양도 그대로 멈춰 있고, 흐르는 강물도 얼음처럼 굳어 있고, 어린 염소의 입이 강물을 마시다가 꼼짝도 하지 않고 있는 절대 정지의 순간을 요셉이 경험한다.

　요셉이 산파를 구하여 동굴로 와 보니 마리아는 이미 아기를 해산한 후였다. 일반 산파라면 우선 해산한 여인과 아기의 건강 상태를 살피며 산후조리를 잘 하도록 간호를 할 것이다. 그런데 산파는 처녀 해산을 의심하는 살로메라는 여자로 하여금 마리아의 처녀막이 그대로 있는지 그녀의 몸 안에 손을 넣어 확인을 하도록 한다. 살로메는 아기를 낳았는데도 마리아의 처녀막이 그대로 있음을 확인한다. 그리고 마리아의 몸 안에 손을 넣는 순간 불에 타듯 뜨거워지는 손가락들을 보고는 무릎을 꿇고 자신의 불신앙을 회개한다.

　예수 아이가 마리아의 자궁에서 세상으로 나왔는데도 그녀의 처녀막이 그대로 유지되고 있다는 사실을 강조하는 이유는 두말할 필요 없이 마리아의 영원한 동정 교리를 옹호하기 위함이다. 그런데 처녀막의 유지를 동정의 필수 조건으로 여기는 「야고보의 원복음서」 이야기는 처녀막의 유무가 동정과는 별로 관계가 없음을 입증한 현대 의학의 관점에서는 유치하기만 하다.

　"아들을 낳기까지 동침하지 아니하더니 낳으매 이름을 예수라 하니라" 이 「마태복음」 1장 25절 구절은 아이러니하게도 예수를 낳은 후에는 요셉이 마리아와 동침했음을 암시하고 있다. 마리아가 남편과 성생활을 했다고 해서 마리아에 대한 존경심이 줄어들 리 없고 그녀의 순결성이 훼손될 리 없다.

34

성욕의 메커니즘,
그리고 로마서 7장 23절

현대의 대표적인 인류학자 중 하나로 꼽히는 마빈 해리스(Marvin Harris)는 1989년에 자신의 저서 『Our Kind』(역서 『작은 인간』, 민음사 출간)를 내면서 책 제목 밑에 부제로 세 가지 질문을 보태었다. 'Who We Are, Where We Came From, and Where We Are Going' 곧 우리는 누구인가, 우리는 어디서 왔는가, 우리는 어디로 가는가 하는 질문이다.

부제만 보면 철학 책인 것 같지만 사실은 인류에 대한 생태학 보고서이다. 책을 읽어 보면 인간이라는 존재가 작게 느껴지기보다는 복잡하고 비밀스러워서 오히려 크게 느껴지는 편이다. 그 책은 인간의 기본적인 욕구, 즉 식욕과 성욕과 권력욕에 대하여 저자의 독특한 관점에서 통찰력 있는 분석을 하고 있다.

성욕 부분을 다루는 장에서 식욕과 비교해 놓은 대목이 흥미롭다. 충동과 욕구의 면에서 성욕이 강한가, 식욕이 강한가. 배고픔이 극도에 달하면 식욕이 성욕을 완전히 눌러 버리게 된다. 빨치산의 활동상을 치밀하게 기록한 이태의 『남부군』에서도 남녀 빨치산들이 배고픔과 추위로 극한상황에 이르게 되면 서로에 대해 성욕을 느끼지 못하게 된다고 했다.

성욕이 오래도록 채워지지 않는 상황에서는 식욕이 성욕에 눌리기는커녕 오히려 더 왕성해질 수 있다. 그러나 식욕도 적당히 채울 수 있고 성욕도 적당히 채울 수 있는 상황에서는 성욕이 식욕을 쉽게 물리쳐 버린다.

더 나아가 음란한 목적을 달성하기 위해 서로 싸우고 죽이고 강탈하며 재산과 건강, 심지어 목숨까지도 버리기를 마다하지 않는다. 성욕은 에이즈를 비롯한 온갖 성병을 무릅쓸 정도로 끈질기다. 성욕에 대한 추구는 향정신성 약물을 탐닉하는 것과 매우 흡사하다. 사람의 몸은 자극을 받으면 쾌감을 유발하는 물질을 내부에서 스스로 만들어 내어 마약처럼 투여한다.

그런데 학자들의 오랜 연구에도 불구하고 성욕의 메커니즘은 여전히 자연의 일급비밀로 남아 있다. 다만 동물 실험 결과 뇌의 일부에 쾌락 센터라는 곳이 존재하여 이 센터에 전달되는 전류 자극을 받으려고 쥐나 고양이들이 유난히 애를 쓴다는 사실은 밝혀진 바 있다.

쾌락 센터를 전류로 자극하는 버튼과 음식과 물이 나오는 버튼을 개와 고양이에게 주고 실험을 해 보았더니 그 동물들은 식음을 전폐하고 죽을 때까지 쾌락 버튼만 눌러 대었다.

인간의 경우는 동물들과 차이가 있긴 하겠지만 성욕을 자기 의지대로 통제할 수 있다고 장담할 수 있는 사람은 거의 없을 것이다.

마빈 해리스가 성욕의 메커니즘을 다루는 장에서 「로마서」 7장 23절을 인용하고 있는 것은 의미심장하다. "내 지체 속에서 한 다른 법이 내 마음의 법과 싸워 내 지체 속에 있는 죄의 법으로 나를 사로잡는 것을 보는도다" 이런 사도 바울의 고백을 마빈 해리스는 성욕의 갈등으로 해석하고 있다.

「로마서」 7장을 두고 신학자들도 어떻게 해석해야 할 것인가 오랫동안 논란을 거듭해 왔다. 가장 큰 논점은 이 갈등이 바울이 회심하기 전의 갈등인지, 회심하고 난 후의 갈등인지 하는 것이다.

"내 속 곧 내 육신에 선한 것이 거하지 아니하는 줄을 아노니 원함은 내게 있으나 선을 행하는 것은 없노라 내가 원하는 바 선은 행하지 아니하고 도리어 원하지 아니하는 바 악을 행하는도다 만일 내가 원하지 아니하는 그것을 하면 이를 행하는 자는 내가 아니요 내 속에 거하는 죄니라 그러므로 내가 한 법을 깨달았노니 곧 선을 행하기 원하는 나에게 악이 함께 있는 것이로다"(롬 7:18-21)

내면의 갈등을 이만큼 절절하게 묘사하고 있는 구절도 찾아보기 힘들다. 실제로 치열하게 이런 갈등을 겪어 본 사람만이 표현할 수 있는 글이다. 내면의 갈등이 성욕의 갈등뿐만은 아니지만 마빈 해리스도 지적했듯이 인간 욕구 중에 성욕만큼 끈질긴 것도 없으므로 「로마서」 7장은 성욕의 갈등을 표현하고 있다고 해도 틀린 말은 아니다.

「로마서」 7장에서 '원하지 아니하는 바 악', '원하지 아니하는 그것', '내 속에 거하는 죄' 등등은 통제되지 않는 성욕을 가리킨다고 볼 수 있다. '선한 것', '원하는 바 선' 등은 성욕의 절제 내지는 억제를 가리킬 것이다.

성욕을 절제하고 억제하려고 하지만 그것이 원하는 대로 잘 되지 않고 억제하려고 하면 할수록 오히려 더욱 엉뚱한 방향으로 발산되고 마는 상황을 「로마서」 7장은 솔직하게 고백하고 있다.

이런 갈등이 되풀이되고 자주 좌절하게 되면 결국 사도 바울과 같은 탄식을 발하지 않을 수 없게 된다. "오호라 나는 곤고한 사람이로다 이 사망의 몸에서 누가 나를 건져내랴"(롬 7:24) 이 탄식으로 「로마서」 7장의 진실성과 절박성은 더욱 배가된다.

곤고하다는 것은 자기 힘으로는 아무것도 할 수 없는 무력한 상태를 의미한다. 수영을 할 줄 모르는 사람이 깊은 강이나 바다에 빠져 허우적거리다가 지칠 대로 지쳐 있는 상태와 흡사하다. 이제는 물 밑으로 가라앉아 죽는 수밖에 없다. 그야말로 '사망의 몸'이다. 내 스스로의 힘으로 빠져나갈 수 없으니 건져 주는 자가 필요하다.

사망의 몸을 로마 사형 제도와 관련하여 언급하는 학자들도 있다. 바울 당시 로마 사형 제도에는 합시형(合屍刑)이라는 것이 있었다. 살인을 하여 사형 언도가 내려진 사람에게 그가 죽인 시체를 함께 묶어 두는 형벌이다. 연쇄 살인범은 로마 시대 합시형으로 하면 수십 구의 시체와 함께 묶여 있어야 할 것이다.

자기가 죽인 사람 시체가 등에 묶여 있다고 상상해 보라. 시체는 썩어 가고 '살인의 추억'은 뼛속까지 파고들고 사형 집행일은 하루하루 다가오는 상황에서 대부분 미쳐버리기 십상이다. 성욕을 절제하지 못한 또 다른 자아는 등에 묶여 있는 시체인 셈이다. 성욕의 갈등에서 패배할 적마다 연쇄 살인범과 같이 등에 묶이는 시체는 계속 늘어난다.

이렇게 곤고한 사망의 몸에서 건져 줄 자가 누구인가. 바울은 깊은 탄식을 발한 후에 "우리 주 예수 그리스도로 말미암아 하나님께 감사하리로다"(롬 7:25) 찬양의 노래를 한다. 급격한 반전이라 얼떨떨하기까지 하다.

그런데 예수는 성욕의 갈등에 대하여 엄격하기 그지없다. "또 간음하지 말라 하였다는 것을 너희가 들었으나 나는 너희에게 이르노니 음욕을 품고 여자를 보는 자마다 마음에 이미 간음하였느니라 만일 네 오른 눈이 너로 실족하게 하거든 빼어 내버리라"(마 5:27-29)

이 구절은 자기는 간음하지 않았다고 거룩한 척하고 있는 자들의 위선을 폭로하는 말씀이다. 음욕을 품고 여자를 보는 자마다 이미 간음을 했다니. 이 말씀에서 자유로울 수 있는 사람은 이 세상에서 한 사람도 없을 것이다.

인간의 나약함을 누구보다 잘 아는 예수가 왜 이다지도 강경한 말씀을 했을까. 그것은 이 말씀 앞에서 바울의 표현대로 곤고하기 그지없는 자기 자신을 발견하도록 하기 위함이다. 성욕의 구덩이에서 건짐이 필요한 자신을 깨닫고 바울처럼 탄식하게 될 때 비로소 구원의 손길을 경험하게 된다.

35

기묘한 간음의
변증법

마빈 해리스는 저서 『작은 인간』에서 프로이트가 인간의 성욕을 '이드(id)'라고 하는 저차원으로 격하시켰다고 비꼬고 있다. 프로이트 이전에도 인류는 성욕을 죄악과 불결에 곧잘 연결시키고 동물의 본능과 같은 것으로 여겨 왔다. 성욕을 지나치게 표출하면 짐승 같다느니 하는 말을 들었다.

그러나 200여 종의 영장류들 가운데 그 어떤 것도 인간과 같은 성욕을 지니고 있는 동물은 없다. 인간은 배란기와 상관없이 언제라도 교합하지만 대개의 영장류들은 배란기가 되어야 교미한다. 암컷이 배란기 신호를 보내어 수컷으로 하여금 정자를 수정시킬 준비를 하게 한다. 암컷의 신호로는 흔히 외음부 빛깔의 변화를 들 수 있다. 다시 말해 엉덩이(생식기) 부분이 벌겋게 부어오른다. '원숭이 엉덩이는 빨개'라고 하는 동요는 배란기가 된 원숭이 암컷의 모습을 노래하는 셈이다.

침팬지 암컷도 배란기가 되면 엉덩이 부분이 핑크빛으로 큼직한 귤만큼 부어올라 수컷들을 흥분시킨다. 한 마리 암컷을 두고 스무 마리나 되는 수컷들이 줄을 서서 자기 차례를 기다린다. 서로 먼저 암컷과 교미하려고 싸우는 일도 드물다. 암컷과 먼저 교미한다고 하여 자기 씨가 수정된다는 보장도 없다. 씨를 수정시킬 수 있는 행운은 정자가 가장 많고 왕성한 수컷에게로 돌아가게 마련이다. 침팬지들은 다른 유인원에 비해 엄청나게 크고 무거운 고환을 가지고 있고 정액의 정자 수는 고릴라나 오랑우탄보다 열 배나 더 많은 편이다. 생식기의 크기도 고릴라보다 세 배나 더 크다.

고릴라나 오랑우탄은 침팬지하고는 사뭇 다른 짝짓기 형태를 취한다. 암컷보다 두 배나 큰 수컷 고릴라는 암컷들을 독점하면서 다른 수컷이 접근하지 못하도록 막는다. 그러므로 암컷이 배란기가 되었다고 엉덩이를 부풀어 올려 신호를 보낼 필요가 없다. 오랑우탄은 일대일로 짝을 지으므로 역시 암컷이 신호를 열렬히 보내지 않아도 된다.

영장류 가운데 인간의 성행위와 가장 비슷한 교미를 하는 동물로는 피그미침팬지를 든다. 콩고의 깊은 우림 지대에 사는 이 동물의 진귀한 성생활에 대해 연구하기 시작한 것은 최근의 일이다.

피그미침팬지도 다른 침팬지와 마찬가지로 배란기가 되면 엉덩이 부분이 부풀어 오르는데 부기가 잘 가라앉지 않기 때문에 이들은 거의 1년 내내 하루에도 몇 번이고 교미를 한다. 그러니까 피그미침팬지들은 인간처럼 암컷의 배란기와 관계없이 교미를 하는 유일한 영장류인 셈이다.

피그미침팬지 암컷은 유인원 가운데 가장 커다란 음핵을 가지고 있고 배란기 동안 그 위용을 드러내 놓는다. 음핵은 흥분하면 두 배로 커지고 수컷이 사정을 하는 순간에는 전체가 충혈된다. 음핵이 얼마나 큰지 두 암컷이 자기 음핵으로 상대방의 음핵을 문질러 주기도 하고 수컷의 그것인 양 상대방의 생식기에 찔러 넣기도 한다.

수컷과 암컷은 교미하기 전에 15분 가량 서로를 물끄러미 바라보고 교미 중에도 서로 눈을 맞춘다. 인간처럼 마주보는 자세로 교미하는 것을 즐긴다. 이런 교미 자세는 다른 영장류들과 확연히 구별된다.

인간은 배란과 관계없이 성교하므로 사실 언제 임신이 될지 잘 알지 못한다. 임신을 원한다면 피그미침팬지처럼 수시로 성교를 반복하는 수밖에 없다. 더 나아가 임신과는 상관없이 성욕을 채우기 위해서도 성교의 반복은 여전히 필요하다.

영장류의 공통점은 무엇보다 암컷이 먼저 수컷을 유혹한다는 점이다. 고릴라나 오랑우탄을 제외하고는 암컷 대부분이 가장 강한 정자를 수정시키기 위해 여러 수컷과 교미한다.

인간은 결혼 제도로 말미암아 이러한 본능이 제어된다. 그러나 결혼 제도도 인간 본능인 성욕을 효과적으로 통제하지는 못한다. 기회만 있으면 그 본능은 결혼이라는 허약한 방벽을 비집고 새어 나가게 마련이다.

마빈 해리스는 마조리 쇼스탁(Marjorie Shostak)의 자료에서 부시먼족(Bushman)이라고도 불리는 산(San)족 여인 니사의 말을 인용하고 있다. "여자는 자기 남편과 자기 애인을 똑같이 원해야 한다. 그것이 좋은 때이다." 여자가 혼외정사를 즐기는 애인을 두었다고 하여 남편과의 사랑을 즐기지 않는 것은 아니라는 말이다.

여자도 혼외정사를 즐기고 있는데도 남성 집단은 자기보다 열세에 놓여 있는 여성의 본성에 대한 이미지를 조작함으로써 현상 유지를 도모해 왔다고 한다. 해리스는 이 문제에 대하여 다음과 같이 뼈아픈 결론을 내리고 있다. "수천 년 동안 남자들은 여자들이 스스로 구현할 수 있는 모습이 아니라 남자들이 원하는 모습대로만 여자를 보아 왔다." 다른 여자는 몰라도 내 아내만큼은 현모양처로 정숙할 거라는 착각 속에 살아가는 남자들이 귀담아 들어야 할 말이다.

신약 복음서에서 간음한 인물로 「요한복음」 8장의 '간음한 여자'가 유일하게 등장하는 사실은 흥미롭다. 이 기록에는 여자의 이름도 상대방 남자에 대한 인적 사항도 전혀 나오지 않는다. 간음하다가 현장에서 잡혔다는 정황밖에 나와 있지 않다.

이 여자를 어떻게 처리하는지 시험해 보기 위해 종교지도자인 서기관과 바리새인들이 예수에게 질문했다. "선생이여 이 여자가 간음하다가 현장에서 잡혔나이다 모세는 율법에 이러한 여자를 돌로 치라 명하였거니와 선생은 어떻게 말하겠나이까"(요 8:4-5) 예수는 진퇴양난의 상황에서 '뿔 사이로 피하기' 논법을 구사했다. "너희 중에 죄 없는 자가 먼저 돌로 치라"(요 8:7)

"돌로 치라"고 했으므로 예수는 모세의 율법을 어긴 것이 아니다. 그러면서 "죄 없는 자가 먼저 치라"는 조건을 내걸었다. 사실 그 현장에서 여자를 돌로 칠 수 있는 유일한 자격을 가진 사람은 예수밖에 없었다.

하지만 예수도 여자를 심판하지 않았다. "나도 너를 정죄하지 아니하노니 가서 다시는 죄를 범하지 말라"(요 8:11) 죄 없는 예수도 여자를 정죄하지 않았는데 하물며 간음을 했거나 그런 욕망을 품고 있는 자들이 어떻게 여자를 정죄할 수 있단 말인가.

사도 바울이 이 점에 관하여 「로마서」 2장 1절에서 예리하게 지적했다. "그러므로 남을 판단하는 사람아 누구를 막론하고 네가 핑계하지 못할 것은 남을 판단하는 것으로 네가 너를 정죄함이니 판단하는 네가 같은 일을 행함이니라"

예수야말로 남자들이 수천 년 동안 자기들이 원하는 모습대로만 보아 온 여자의 실상을 볼 줄 알았고 여자의 본능을 이해할 줄 알았다. 그 은혜가 다시는 죄를 범하지 않는 진리의 삶을 비로소 가능하게 한다. 정(正)에 해당하는 '은혜'와 반(反)에 해당하는 '성욕'이 '진리'라는 합(合)을 이루는 기묘한 변증법을 우리는 「요한복음」 8장에서 보게 된다.

36

다시는 죄를
범하지 말라

「요한복음」 8장에 기록된 간음하다 현장에서 잡힌 여인의 이야기에 관해 좀 더 보충하고자 한다. 성서에서 가장 유명한 이야기 중의 하나인 이 기록은 상식과는 달리 원래는 요한복음에 없었다. 이 독립된 이야기는 사람들의 입에서 입으로 전승 과정을 거치면서 약간씩 변형되어 서로 다른 사본들이 남게 되었다.

한글 성서 개역개정판에 있는 '양심의 가책을 느껴'(9절) '젊은이까지'(9절) '여자 외에 아무도 없는 것을 보시고'(10절) '너를 고발하던 그들'(10절) 같은 구절들은 오래된 사본에는 없다. 훨씬 후대의 사본에는 8절 끝에 '그들 하나하나의 죄'라는 구절이 삽입되기도 했다. 예수가 몸을 굽혀 손가락으로 그들 하나하나의 죄를 땅에 쓰셨다는 것이다.

개역개정판으로만 보면 예수가 몸을 굽혀 손가락으로 땅에 쓰신 내용이 무엇인지 잘 알 수 없다. 시간을 벌기 위해, 혹은 상대방이 스스로 돌아볼 수 있는 기회를 갖도록 하기 위해 글을 쓰는 시늉만 냈을 수도 있다.

하지만 후대의 사본을 참조하면 예수가 땅에 쓰신 내용이 분명해진다. 예수는 간음한 여자를 끌고 온 사람들의 죄를 하나하나 땅에 쓰고 있었으리라. 간음죄를 지은 여자를 판단하고 정죄하며 멸시하기에 여념이 없는 그들이 예수가 땅에 쓰고 있는 죄의 목록을 보고 자신들의 모습이 하나님의 빛 가운데 벌거벗은 듯이 드러나는 것을 느꼈을 것이다.

「에베소서」 5장 11절 이하를 보면 다음과 같은 구절이 있다. "너희는 열매 없는 어두움의 일에 참여하지 말고 도리어 책망하라 그들이 은밀히 행하는 것들은 말하기도 부끄러운 것들이라 그러나 책망을 받는 모든 것은 빛으로 말미암아 드러나나니 드러나는 것마다 빛이니라"(엡 5:11-13)

말하기도 부끄러운 서기관과 바리새인들의 은밀한 죄가 예수의 손끝에서 훤한 빛처럼 드러나게 되자 그들은 벌써부터 위축되고 양심의 가책을 느끼기 시작했다. 그때 예수가 일어나 그들에게 말했다. "너희 중에 죄 없는 자가 먼저 돌로 치라"(요 8:7) 그들의 죄를 다 알고 있는 예수 앞에서 그들은 함부로 돌을 들 수가 없었다.

후대의 사본은 이 사건의 진행을 좀 더 선명하게 설명해 주고 있는 셈이다. 하지만 과연 예수가 그들의 죄를 하나하나 땅에 썼을까 하는 점에 대해서는 의문의 여지가 있다. 뭔가 자꾸 덧보태지는 사본은 그만큼 원본에서 멀어지고 있다고 보는 편이 나을 것이다.

왜 신약, 특히 복음서들에 이런 현상이 많을 것일까. 지금 신자의 사고방식으로는 거룩한 성서에 뭔가 덧보탠다는 것은 있을 수도 없는 일이다. 일점일획이라도 변경되어서는 안 되는 성서인데 말이다. 그러나 복음서 원본과 사본들이 떠돌아다닐 때만 해도 그것이 성서라는 이름으로 편집되어 엄청난 권위를 얻게 될 줄은 미처 알지 못했다.

구전(口傳)으로 전해지고 있는 예수에 관한 이야기들을 정확한 순서에는 별로 신경 쓰지 않고 하나하나 모아 검증해 본 후 여러 사람이 돌려보기 쉽게 편집한 것이 복음서의 형태로 정착되었다. 편집자들은 예수의 정신과 메시지에 주로 관심을 기울였다. 축자영감설의 주장처럼 성령이 불러 주는 대로 기록한 것이 아니라는 말이다.

그러다 보니 복음서 문서는 필요한 경우 보충힐 수 있는 글로 여겨졌고 사람들이 알아듣기 쉽게 난외주 같은 것도 두루마리 가장자리에 기록해 놓았다. 그런데 다른 필사자가 난외주를 본문에 넣어 필사해 버리면 또 하나의 이본(異本)이 생겨나게 된다.

간음한 여인 이야기는 복음서에도 들어가지 못하고 독립된 일화로 떠돌아다니다가 나중에 복음서에 삽입되었다. 그 위치도 왔다갔다 했다. 어떤 사본에는 「요한복음」 마지막인 21장 24절 뒤에 부록처럼 삽입되기도 하고, 때로는 「누가복음」 21장 38절 뒤에 삽입되기도 했다. 「누가복음」에 삽입될 때는 '감람 산'이라는 단어가 큰 역할을 했다. 간음 여인 이야기 맨 앞에 '예수는 감람 산으로 가시니라'(요 8:1)는 구절이 있기 때문이다.

또한 그 이야기에 나오는 '서기관들과 바리새인들'이라는 문구는 「요한복음」 용어로는 적절하지 않고 「누가복음」에 자주 나오는 용어이기도 하다. 복음서 편집자들은 간음 여인 이야기를 복음서 어디에 끼어 넣을 것인가 고심을 거듭하다가 결국 「요한복음」 8장 12절 앞부분에 삽입하기로 했다.

그것은 뒤에 이어지는 예수의 메시지와 자연스럽게 연결된다는 이유에서이다. "예수께서 또 말씀하여 이르시되 나는 세상의 빛이니 나를 따르는 자는 어둠에 다니지 아니하고 생명의 빛을 얻으리라"(요 8:12) 이 구절이 간음한 여인 이야기 다음에 연결되는 것이 그럴듯해 보인다.

또 8장 15절의 "나는 아무도 판단하지 아니하노라"는 8장 11절의 "나도 너를 정죄하지 아니하노니"와 일맥상통한다. 하지만 이 이야기가 삽입됨으로써 예수의 초막절 예루살렘 방문 기사의 흐름이 중단되는 느낌을 받게 된다.

여기서 중요한 것은 초대 교회 사람들이 간음한 여인 이야기를 이토록 소중하게 다룬 이유이다. 지금도 아랍 세계에서는 간음죄를 지은 남녀는 「신명기」 율법이나 코란 율법에 따라 사형을 당한다. 아랍 세계처럼 간음자를 다룬다면 한국에도 목숨을 잃을 사람들이 많이 있을 것이다.

그런데 예수는 사람들을 신명기 간음자 사형 율법에서 해방시켜 주셨다. 하지만 진정으로 이런 은혜를 입기까지는 뼈아픈 회개의 과정이 있게 마련이고 간음으로 인한 정신과 육체의 폐해는 자못 심각하다. 간음은 단란했던 한 가정을 파괴하고 가족 구성원의 생명을 위협하기까지 한다. 간음의 달콤함은 잠깐이요 그 쓰라린 열매는 오랫동안 지속된다.

그런데도 기독교 국가에서 더욱 간음이 횡행하고 이혼율이 급상승하고 있다. 한국을 보더라도 기독교 인구가 늘어날수록 이런 현상이 증가하고 있다. 간음해도 용서를 받는다는 인식이 무의식중에 깔려 있어 목사를 포함한 기독교인들도 간음 행위에 대해 깊은 죄의식이 없다. 오히려 기독교 국가에서 앞장서서 간음죄 처벌 조항을 폐지해 왔다. 한국도 간음죄가 마침내 폐지되고 말았다. 간음죄에 대한 「신명기」 율법에 비하면 그동안의 한국 형법은 처벌 조항이라고도 할 수 없을 정도였다. 그마저 이제 없어지고 말았다.

하지만 법률에서는 처벌 조항이 없어졌으나 양심의 처벌은 피할 수 없다. 바울이 「로마서」 2장에서 이 점을 잘 정리해 주었다. "율법(법률)이 없어도 자기가 자기에게 율법이 되나니 이런 이들은 그 양심이 증거가 되어 그 생각들이 서로 혹은 고발하며 혹은 변명하여 그 마음에 새긴 율법의 행위를 나타내느니라"(롬 2:14-15)

간음한 여인 이야기는 성문 율법이든 양심 율법이든 율법과 복음이 기묘하게 조화를 이루고 있다. 이것이 초대 교회 사람들이 간음한 여인 이야기를 폐기하지 않고 소중하게 다룬 이유이다.

여기 나오는 여인도 예수의 용서를 받기 전에 아침부터 사람들에게 붙잡혀 벌거벗은 것같이 자신의 추한 모습이 세상에 다 드러났다. 어떻게 보면 이보다 더 수치스런 형벌도 없을 것이다. 하지만 율법 앞에서 자신의 추한 모습이 다 드러난 이후에 예수의 복음으로 용서를 받았다. 용서를 받되 "다시는 죄를 범하지 말라"(요 8:11)는 또 다른 의미의 새 율법이 주어졌다. 표현을 달리하면 진리의 법, 그리스도의 법이라고 할 수 있다.

PART 8

예수 시대 ❷

남녀 교합은 인간의 축복

너희가 쓴 문제에 대하여 말하면 남자가 여자를
가까이 아니함이 좋으나 음행을 피하기 위하여 남자마다
자기 아내를 두고 여자마다 자기 남편을 두라
고린도전서 7장 1-2절

37

마음의 상처가
빛 가운데 드러나면

베를린 영화제에서 감독상을 받은 김기덕의 〈사마리아〉는 어른들과 원조 교제하는 어린 소녀와 아버지의 이야기를 소재로 다룬 영화로 적지 않은 충격을 준다. 왜 영화 제목을 '사마리아'로 붙였는가 하는 논의들이 오고가기도 했다.

박영한 같은 작가는 '사마리아'를 소설 제목으로 사용하기도 했는데 대개 보면 사마리아는 성의 방종 내지는 타락과 관련이 있다. 아무래도 「요한복음」 4장에 나오는 사마리아 여인 때문에 그러할 것이다. 그 여인의 입장에서는 사마리아가 그런 의미로 쓰이고 있는 사실이 억울할지도 모른다.

사마리아라는 지명은 원래 북이스라엘 왕 오므리(BC 876-869)가 은 두 달란트로 구입했던 산의 주인 이름에서 유래되었다. 그 사람 이름이 '세멜'이었는데 오므리 왕이 그 산에 성을 건축하고 주인 이름을 따서 사마리아라고 불렀다.

세멜의 소유라는 뜻을 가진 히브리어 '쇼므론'에서 사마리아라는 말이 나왔다. 세멜이라는 이름은 '파수(把守)'라는 뜻을 가지고 있고 사마리아와 비슷한 발음인 스마랴는 '여호와가 보호하신다'는 뜻을 가지고 있다.

사마리아는 주변의 평지보다 100미터 이상 솟아오른 해발 430미터의 천연 요새였으므로 그야말로 여호와가 파수해 주는 곳이라 이름 지을 만하다. 오므리 왕은 북이스라엘의 수도를 디르사에서 사마리아로 옮기기까지 하여 사마리아는 한때 이스라엘 열 지파에 해당하는 북이스라엘의 수도로 번영을 누리기도 했다. 북이스라엘 전체를 사마리아라 부르기도 한다.

그러나 BC 721년 앗시리아 왕 사르곤 2세의 침공으로 사마리아는 초토화되고 주민들 중 27,290명이 앗시리아로 잡혀 갔다. 사마리아에 남아 있던 주민들이 반란을 일으키자 사르곤은 앗시리아 본토 사람들을 사마리아로 이주시켜 혼혈 정책을 펼침으로 이스라엘의 정체성과 민족 감정을 둔화시키려 했다.

나중에 이스라엘이 회복되어 앗시리아와 바벨론에서 유대인들이 돌아와 나라를 재건하려고 했을 때 사마리아인들도 동참하려고 했으나 거부당하고 말았다. 순수 유대인 혈통을 지키지 못하고 민족을 배신했다는 것이 그 이유였다. 역사적인 시련기에 어쩔 수 없이 이방인과 피가 섞이게 된 사마리아인은 순수 혈통을 자랑하는 유대인으로부터 소외되고 무시당하자 자기들 나름대로 성전을 짓고 성서를 마련하여 독립 교파를 만들었다. 그 이후 유대인은 사마리아인과 인간관계도 맺지 않고 상거래도 하지 않았다. 수백 년이 흘러도 후손들 역시 선조들의 선입견과 편견을 고스란히 물려받았다.

예수 당시에도 마찬가지였다. 예수가 제자들과 함께 사마리아 지역을 통과하다가 목이 말라 어느 우물가로 다가갔다. 두레박이 없어 우물물을 길어 올릴 수가 없었다. 정오 무렵 제자들이 예수만 남겨두고 먹을 것을 사러 동네에 들어간 사이에 한 여자가 항아리를 머리에 이고 물을 길으러 나왔다.

대개 여자들은 시원한 저녁에 떼를 지어 수다를 떨어가며 물을 길으러 나오는데 그 여자는 혼자서 외롭게 우물가로 왔다. 유대인에게 소외당하는 사마리아인들 사이에서 또 소외당하고 있는 여인이었다. 예수는 여자에게 물을 달라고 부탁했고, 여자는 유대인 남자가 어찌하여 사마리아 여자에게 말을 거느냐고 반문했다.

예수는 여자에게 물이라는 매개물을 통해 전하고자 하는 진리를 설명해 나갔다. "내가 주는 물을 마시는 자는 영원히 목마르지 아니하리니 내가 주는 물은 그 속에서 영생하도록 솟아나는 샘물이 되리라"(요 4:14) 그러자 결국 여자는 심령의 갈증을 느끼고 예수에게 '영원히 목마르지 않는 물'을 구했다. 처음에는 예수가 여자에게 물을 구했는데 이제는 여자가 예수에게 물을 구하는 상황으로 역전되고 말았다.

그때 예수의 입에서 의외의 말이 나왔다. "가서 네 남편을 불러 오라" (요 4:16) 영원히 목마르지 않는 물을 달라고 했는데 느닷없이 남편을 불러 오라니. 여자가 영생의 물을 마시기 위해서는 남편 혹은 남자 문제가 빛 가운데 드러나야만 했던가.

여자는 당황한 나머지 남편이 없다고 대답했다. 그러나 사실은 그동안 남편이 다섯이나 있었고 지금도 어느 남자와 동거하는 중이었다. 여자의 대답은 참말이기도 하고 거짓말이기도 했다. 지금 동거하는 남자는 정식 남편이 아니기에 현재는 남편이 없다고도 할 수 있다.

예수는 여자의 복잡한 과거를 다 알고 있었지만 여자의 대답에 시비를 걸지 않았다. "네가 남편이 없다 하는 말이 옳도다 너에게 남편 다섯이 있었고 지금 있는 자도 네 남편이 아니니 네 말이 참되도다"(요 4:17-18) '옳도다' '참되도다' 이렇게 두 번이나 여자의 말이 맞다고 하면서 여자의 복잡한 과거를 슬그머니 빛 가운데 드러내었다.

엄격한 도덕 선생 같았으면 남편 다섯이나 있었던 여자가 어디서 거짓말을 하느냐고 호통쳤을지도 모른다. 남의 잘못 들추기를 잘 하는 요즘 신자들 같았으면 복잡한 과거를 당장 회개하라고 윽박질렀을 것이다. 남성 위주의 사고에 젖은 사람들은 사마리아 여자가 정욕을 이기지 못하여 남자들을 갈아치웠다는 식으로 생각한다. 그래서 정욕으로 타락한 여자의 대표로 사마리아 여자를 들기도 한다.

하지만 그것은 그 시대 상황을 잘 모르고 하는 소리이다. 그 당시는 여자가 정욕을 채우기 위해 남자를 쉽게 갈아치울 수도 없었고 남편에게 이혼당한 여자가 재혼하기도 여간 힘든 것이 아니었다. 그럼 어떻게 이 여자는 남편을 다섯이나 거치게 되었나.

우선 전쟁으로 인한 사별을 가정할 수 있다. 로마 식민지로 있던 그 당시 사마리아인들도 유대인 못지않게 로마에 항거하는 전투를 수도 없이 치렀다. 역사가 요세푸스(Flavius Josephus)의 『유대 전쟁사』를 보면 사마리아를 포함한 이스라엘 전역은 로마에 대항하는 게릴라전이 끊이지 않았다. 전투에 참가한 남자들은 로마 군병의 총칼에 무참하게 죽어 갔다.

사마리아 여자의 남편들도 그런 전투의 희생자가 되었을 가능성이 많다. 아니면 먹고 살기 위해 로마 군대에 빌붙어 장사를 하다가 유대의 열혈 당원들에게 민족 반역자라 하여 암살을 당했을 수도 있다. 이래저래 잔인한 역사의 수레바퀴에 깔려 남편들이 죽어 갔기 때문에 새 남편을 맞이해야만 했을 것이다. 그 다음 질병으로 인한 사별을 가정할 수 있다. 이와 같이 사마리아 여자의 사연을 다른 관점에서 접근해 보는 것이 바람직하나.

예수는 여자의 타락한 생활을 드러내기 위해 "네 남편을 불러 오라"고 한 것이 아니라 여자의 억울하고 분통한 쓰라린 상처들을 드러내고 어루만져 주기 위해 그 말을 했을 것이다. 마음의 상처가 빛 가운데 드러나면 영원히 솟아나는 샘의 근원이 될 수 있는 법이다.

38

이혼에 대한
예수의 견해

이미 이혼을 경험한 사람들도 있고 이혼까지는 아니더라도 이혼에 가까운 아픔을 겪은 자들도 있을 것이다. 이혼이 심각한 사회 문제이고 거기에 대해 할 말도 많이 있지만, 한편으로는 언급하기에 여간 조심스러운 사안이 아닐 수 없다.

이혼이나 이혼의 위기를 겪어 보지 않은 사람들은 그런 경험을 한 사람들의 심정을 잘 이해하지 못하고 오히려 아물고 있는 상처를 도지게 하기 쉽다.

하지만 자고로 중요한 사회 문제였고 지금도 심각한 사안으로 대두되고 있는 이혼 문제를 회피하지 않고 정면으로 다루어 보아야 할 필요성을 절감하지 않을 수 없다.

예수께서 갈릴리 지역을 떠나 유대 지경과 요단 강 건너편으로 가서 가르칠 때 바리새인들이 예수에게 나아와 질문을 던졌다. "사람이 아내를 버리는 것이 옳으니이까"^(막 10:2) 여기서 옳으냐는 것은 바르다는 의미보다는 법으로 허용이 되느냐는 의미가 강하다. 바리새인이 이런 질문을 한 것은 정말 그 문제에 대한 해답을 얻기 위해서가 아니라 예수를 시험하기 위해서였다.

상대방을 시험하기 위해 질문하는 사람들은 대개 자기들이 내려 놓은 결론을 가지고 있는 법이다. 바리새인들은 예수가 자기들의 결론과 어긋나는 대답을 하면 꼬투리를 잡으려고 신성을 곤두세우고 있었다.

예수 당시 이스라엘에는 종교 교육을 담당하는 두 계열의 랍비 학교가 있었다. 하나는 힐렐(Hillel) 학파이고 또 하나는 삼마이(Sammai) 학파였다. 삼마이는 원래 힐렐의 수제자였으나 나중에 스승의 노선에서 이탈했다. 힐렐 학파는 율법을 해석할 때 좀 더 융통성 있게 해석했고, 삼마이 학파는 될 수 있는 대로 엄격하게 해석했다.

모세 오경 이혼법인 「신명기」 24장 1절에서 4절까지에 대한 해석도 두 학파 사이에 견해 차이가 있었다. 이혼법 첫 조문은 다음과 같다. "사람이 아내를 맞이하여 데려온 후에 그에게 수치되는 일이 있음을 발견하고 그를 기뻐하지 아니하면 이혼 증서를 써서 그의 손에 주고 그를 자기 집에서 내보낼 것이요"^(신 24:1)

여기서 '수치되는 일'을 과연 어떤 성격의 일로 규정하느냐에 따라 이혼 사유에 대한 해석 차이가 있게 된다. 삼마이 학파는 이혼은 간음 이외에 다른 사유로는 절대로 할 수 없다고 엄격하게 해석하는 반면, 힐렐 학파는 간음과 같은 심각한 사유가 아니라 하더라도 여러 가지 성실치 못한 행실들도 이혼 사유가 된다고 폭넓게 해석했다.

그런데 「신명기」 22장의 간음자 처벌법에 의하면 간음한 남녀는 돌에 맞아 죽게 되어 있으므로 간음은 이혼 사유가 아니라 사별의 이유가 될 뿐이다. 그러므로 이혼법의 '수치되는 일'은 간음을 의미한다기보다 그 외 다른 불성실한 행실들을 가리킨다고 보는 편이 나을 것이다.

그러고 보면 힐렐 학파의 해석이 타당성이 더 있을 것 같은데, 그런 식으로 해석하다 보니 코에 걸면 코걸이 귀에 걸면 귀걸이 식으로 남성 위주로 해석하는 경향이 심해졌다. 다시 말해 하찮은 것들을 꼬투리로 삼아 이혼 사유라고 합리화했다. 그들은 이혼 증서를 써 주는 법적 절차만 밟으면 어떤 일이든 꼬투리로 삼아 아내를 얼마든지 버릴 수 있다는 사고방식을 가지고 있었다.

바리새인들은 예수에게 이혼에 대해 질문을 던져 예수가 힐렐 학파의 견해를 지지하느냐, 삼마이 학파의 견해를 지지하느냐 시험을 해 본 것이다. 그런데 예수는 여기서도 '뿔 사이로 피하기' 논법을 구사했다. 힐렐 학파나 삼마이 학파가 다 같이 존경하고 권위를 부여하는 모세를 전면에 내세움으로써 쓸데없는 논쟁에 휩쓸려들지 않고 빠져나왔다.

이번에는 예수가 오히려 그들에게 반문했다. "모세가 어떻게 너희에게 명하였느냐"^(막 10:3) 그들은 자신 있게 대답했다. "모세는 이혼 증서를 써 주어 버리기를 허락하였나이다"^(막 10:4) 예수는 그들이 모세를 오해하고 있다고 지적해 주었다. "너희 마음이 완악함으로 말미암아 이 명령을 기록하였다"^(막 10:5) 이혼 증서를 써 주어 아내를 내어 보내라고 한 것은 이스라엘 남자들이 완악하여 함부로 아내를 버리기 때문에 그것을 제지하기 위해 일정한 법 절차를 밟게 하기 위함이었다.

모세의 율법이 있기 이전에는 여자들이 남자에게 버림을 받고 이혼을 당해도 다른 남자와 재혼하기가 쉽지 않았다. 이혼을 했다는 증빙 서류가 없으므로 버림을 받아도 여전히 이전 남편의 소유처럼 살아야 했다.

모세 율법의 규정대로 작성된 이혼 증서에는 "보라 그대는 어느 누구와 자유롭게 결혼해도 좋다"는 구절이 적혀 있었다. 성서에서 아내를 버린다고 할 때 '버린다'에 해당하는 헬라어 '아포루오(απολυω)'는 원래 '해방하다, 놓아주다' 하는 뜻을 가지고 있다. 이혼 증서는 어떤 의미에서는 여성의 인권을 보호해 주는 해방 문서라고도 할 수 있다.

요즈음도 간음이나 불성실한 행실을 했다는 이유로 아내를 여러 모양으로 끈질기게 괴롭히면서 이혼은 안 해 주는 남편들이 더러 있다. 비록 아내가 잘못했다고 하더라도 그런 남편 밑에 있는 것은 지옥이다. 이런 상황에서의 이혼은 그 여자에게 족쇄를 풀어 주는 해방이기도 하다.

모세가 이혼 증서를 써 주라고 한 것은 남자들의 완악함으로 여자들이 피해 입는 것을 방지하기 위함이지, 이혼을 장려하기 위함은 물론 아니다. 그러나 바리새인과 같은 자들은 이혼을 합리화하는 데 모세의 율법을 끌어들이기에 여념이 없었다. 지금도 이혼법이라는 것은 당사자 일방의 완악함과 간교함으로 상대방이 피해를 보지 않게 하려고 만든 것이지, 이혼을 자유롭게 허용하려고 만든 것이 아니다.

예수는 바리새인들에게 모세의 이혼법을 오해하고 있는 점을 지적한 후 결혼의 근본 의미에 관해 창세기 말씀을 인용하여 주의를 환기하도록 했다. 이혼의 위기가 발생했을 때 사람들은 대개 이혼을 어떻게 할 것인가, 이혼의 절차를 따지는 데 골몰하기 쉽다. 그럴 때일수록 결혼의 근본 의미로 돌아가 원점에서 다시 생각해 볼 필요가 있다.

"창조 때로부터 사람을 남자와 여자로 지으셨으니 이러므로 사람이 그 부모를 떠나서 그 둘이 한 몸이 될지니라 이러한즉 이제 둘이 아니요 한 몸이니 그러므로 하나님이 짝지어 주신 것을 사람이 나누지 못할지니라"(막 10:6-9)

우리 인간은 신의 뜻 가운데 창조된 피조물이고 부부는 그 뜻을 이루어 드리기 위해 일생 동안 서로 돕는 배필이다. 그러한 목적을 위해 제정된 결혼은 인간이 함부로 파괴할 수 없는 신성한 제도이다. 십계명에도 결혼과 가정을 지키기 위해 두 계명이나 할애되어 있다.

"간음하지 말라"

"네 이웃의 아내를 탐내지 말라"

이혼의 위기를 맞아 감정 다툼보다는 결혼의 근본 의미로 되돌아가 각자 자신을 성찰하면 서로 용서하고 가정을 끝까지 지켜낼 수 있는 길이 열릴 수도 있을 것이다.

합일 욕구

드라마 〈부부의 세계〉가 방영될 당시 매회 화제를 낳았다. 부부 관계에서의 심리 묘사가 심도 있게 표현되어 내면에 깊숙이 꽂히는 명대사들이 괄목할 만했다. 다음은 불륜을 저지른 남편에게 던진 아내의 대사이다.

"본능은 남자만 있는 게 아니야. 여자라고 바람피울 줄 몰라서 안 피는 게 아니라구. 부부로서 신의를 지키는 게 맞다고 생각해서 자제하는 거지."

부부 사이의 욕구를 억제하는 영역이 성욕뿐이겠는가. 정신분석가 제임스 홀리스 (James Hollis)는 저서 『내가 누군지도 모른 채 마흔이 되었다』에서 필요한 모든 것을 충족시켜 주는 완벽한 배우자는 나와 마찬가지로 자신의 욕구로 꽉 차 있으며, 나에게 똑같은 기대를 투사하는 사람이라고 했다. 어느 한 편이 욕구와 기대를 억누르고 있다는 뜻이다.

「창세기」에서 아담과 이브는 본래 '한 몸'이었다는 사실을 인정하고 있다. 따라서 융의 아니마와 아니무스 관계로 해석하면 우리는 합일을 이루고자 하는 내적 욕구가 불가피하게 존재한다. 여기에서 두 가지 결론을 내릴 수 있다. 하나는 배우자와의 관계에 있어서 외적인 합일 욕구, 하나는 내적인 합일 욕구이다. 두 측면은 분리되지 않는다. 본질적으로 중요한 자신의 일부를 다른 사람에게 투사하면서, 상대방이 귀중한 존재로 보이고, 의존적이 된다는 사실은 그리 놀라운 일이 아니다. 그래서 사랑을 맹목적이라고들 하는 것이다.

『융의 심리학과 기독교 영성』(에르나 빈 드 빙켈 지음, 김성민 옮김, 한국심리치료연구소) 참조, 편집부 정리

39

음행은 사람을
황폐하게 만든다

고린도는 바울의 복음 사역에 있어 빼놓을 수 없는 도시 중 하나이다. 이 도시는 고대로부터 그리스에서 가장 중요한 전략 도시이기도 했다. BC 8세기경에 크게 번영하여 그리스 남부 지역을 지배하고 시 문학과 도자기, 건축을 비롯한 각종 예술이 발달했다. '고린도식'이라는 말이 건축이나 도자기 양식을 구분하는 용어가 되기도 했다.

BC 431년 펠로폰네소스 전쟁으로 큰 타격을 받고 스파르타에 대항하여 아테네를 비롯한 여러 도시 국가와 동맹을 맺었다. BC 338년의 케로니아 전쟁 후 독립을 잃은 고린도는 마케도니아의 지배를 받게 된다. 로마가 그리스를 정복한 후에는 폐허가 되다시피 했다가 BC 46년경 줄리우스 시저에 의해 재건되어 자유시로 선포되었다.

그 후 고린도에는 그리스 본토 사람들뿐만 아니라 유대인, 로마에서 해방된 노예, 로마 정부 관리, 상인들이 모여들게 되었다. 로마 황제들도 고린도를 좋아하여 도시의 후원자를 자처하기도 했다. 네로 황제는 고린도에서 경기를 벌이며 자신의 예술 재능을 과시했다.

로마 시대 고린도는 부(富)와 방탕의 도시로 이름을 날렸다. '고린도인들처럼 산다'는 말은 사치와 부도덕 가운데 사는 것을 의미했다. 항구 도시인 고린도에는 세상의 각종 오물들이 모여들었다 해도 과언이 아니다.

도시의 언덕에는 그리스 지역에서 유일한 아프로디테 신당이 자리잡고 있었다. 그곳에 여제사장들이 천 명 가량 있었는데 '히에로둘로이' 즉 성스러운 노예들이라 불린 그 여자들은 매음(賣淫)을 일삼았다.

타락과 방탕으로 치닫는 그 도시에 바울이 복음을 전하고 사람들을 변화시켜 교회를 세웠다. 그러나 워낙 타락한 풍조가 만연한 도시라 고린도 교회는 세상의 더러움에 오염되기 일쑤였다.

교회에 여러 가지 문제가 발생하자 바울은 몇 차례에 걸쳐 편지를 보내어 충고했다. 그 편지들 중 두 개의 편지가 남아 있다. 그중 하나인 「고린도전서」에 보면 교회 안에서 심각한 음행이 있었음을 알 수 있다.

"너희 중에 심지어 음행이 있다 함을 들으니 그런 음행은 이방인 중에서도 없는 것이라 누가 그 아버지의 아내를 취하였다 하는도다 그리하고도 너희가 오히려 교만하여져서 어찌하여 통한히 여기지 아니하고 그 일 행한 자를 너희 중에서 쫓아내지 아니하였느냐"(고전 5:1-2)

아버지의 아내를 취했다는 것은 어머니와 간통했다는 말인데 여기서는 생모가 아니라 아버지가 새로 얻은 아내, 즉 계모와 간음을 했다고 보아야 할 것이다. 계모라 하더라도 그러한 일은 교회에 다니지 않는 이방인들도 인륜상 저지르지 않는 죄이다.

바울은 고린도 교회를 세운 사람으로서 교회 안에 음행이 있다는 사실을 드러낸다는 것은 자기 얼굴에 먹칠을 하는 셈이었다. 하지만 바울은 자기 체면을 생각하기보다는 고린도 교회가 당면한 문제들을 속히 해결하고자 교회 지도자와 교인들만 읽도록 편지를 써 보냈다.

바울은 고린도 교회가 음행 문제를 쉬쉬하며 없었던 일처럼 감추는 것은 옳지 않다고 하면서 "적은 누룩이 온 덩어리에 퍼지는 것을 알지 못하느냐"(고전 5:6)고 책망했다. 음행은 악독한 누룩으로 빨리 제거하지 않으면 악영향이 심각하지 않을 수 없다. 바울은 또한 "음행하는 자들을 사귀지 말라"(고전 5:9)고 했는데 교인 중에는 이 말을 오해하는 자들도 있었다.

"이 말은 이 세상의 음행하는 자들이나 탐하는 자들이나 속여 빼앗는 자들이나 우상 숭배하는 자들을 도무지 사귀지 말라 하는 것이 아니니 만일 그리하려면 너희가 세상 밖으로 나가야 할 것이라 이제 내가 너희에게 쓴 것은 만일 어떤 형제라 일컫는 자가 음행하거나 탐욕을 부리거나 우상 숭배를 하거나 모욕하거나 술 취하거나 속여 빼앗거든 사귀지도 말고 그런 자와는 함께 먹지도 말라 함이라"(고전 5:10-11)

바울은 사람이 짓는 여러 죄 중에서 특히 음행을 삼가야 할 이유를 이렇게 말했다. "음행을 피하라 사람이 범하는 죄마다 몸 밖에 있거니와 음행하는 자는 자기 몸에 죄를 범하느니라"(고전 6:18) 자기 몸에 죄를 범하는 음행은 다른 죄들보다 더욱 사람을 황폐하게 만드는 법이다. 음행이 이어지다 보면 어느새 음란 중독증 환자로 전락하게 되고 더 나아가 성폭행과 살인으로까지 치닫게 된다.

결혼과 가정은 음행을 제어하는 데 유용한 제도이다. "남자가 여자를 가까이 아니함이 좋으나 음행을 피하기 위하여 남자마다 자기 아내를 두고 여자마다 자기 남편을 두라"(고전 7:1-2) 바울은 이 구절을 시작으로 부부

생활의 지침을 일러 주었다.

첫째, 남편은 아내에 대한 의무를 다하고 아내도 남편에게 그렇게 해야 한다.

둘째, 아내가 자기 몸을 주장하지 못하고 오직 남편이 하며 남편도 이와 같이 자기 몸을 주장하지 못하고 오직 아내가 해야 한다.

셋째, 서로 분방하지 말아야 한다.

구약 율법 같았으면 둘째 지침의 하반절은 빠졌을 것이나 바울이 활동했던 초대 교회 시대만 하더라도 여성 인권에 대한 인식이 한층 높아졌다고 할 수 있다. 남편도 자기 몸을 주장하지 못하고 오직 아내가 해야 한다는 말은 남편도 아내에 대하여 정절을 충실히 지켜야 한다는 뜻이다.

한국 사회에 성매매 특별법이 시행된 이후 갖가지 해프닝이 벌어졌다. 집창촌 여성들이 마스크를 쓰고 집단으로 시위를 하는 사상 초유의 일도 있었다. 언젠가 미국의 한 방송에서 에이즈 관련 토론 프로그램을 진행했다. 사회자가 소위 집창촌 여성 대표를 '섹스 노동자'라고 소개했다. 그야말로 요즈음 집창촌 여성들은 섹스 노동자로서 자신들의 권리를 주장하고 있는 셈이다. 언젠가 한국 사회도 네덜란드처럼 섹스 노동자가 정식으로 취업을 하고 떳떳이 세금을 내는 날이 오게 될지도 모른다.

사실 집창촌에서의 성매매보다 더욱 사회 문제가 되는 것은 매매 없는 성의 문란이다. 다시 말해 남편이 자기 몸을 아내가 주장하도록 하지 않고 아내가 자기 몸을 남편이 주장하도록 하지 않고 성매매 없이 간음을 일삼는 행위야말로 가정 파괴의 주요 원인이 되고 있다. 성매매를 통한 일시적 방탕은 가정 파괴로까지 이어지는 경우가 오히려 드물다.

분방하지 말라는 셋째 지침도 유의해야 한다. 부부가 방을 따로 하여 자는 것도 시험에 들기 쉬운 함정이 된다. 기도나 다른 일을 위하여 얼마 동안 분방할 수는 있으나 가능한 한 빨리 합하도록 해야 한다.

이런 지침들을 잘 지킴으로 가정이 음행을 막는 보루 역할을 하도록 해야 한다.

40

하나님이 내버려 둔 나라
로마 제국

에드워드 기번(Edward Gibbon)의 『로마 제국 쇠망사』는 로마가 쇠망하게 된 원인들을 다각도로 정리해 놓고 있다. 그중 몇 가지를 기번의 표현을 빌려 언급해 보면 다음과 같다.

첫째, 취약하고 방만하며 무능한 정부는 국가의 적과 불리한 거래를 하여 그 대가를 치르는 경우가 많은 법이다. 후대로 갈수록 로마 정부가 자신들의 취약점을 보완하려고 성급하게 서두르다가 결국 적국을 유리하게 하는 정책을 펼쳐 나라를 더욱 불안하게 만들었다.

둘째, 현대의 부호들을 훨씬 능가하는 로마 원로원 의원들의 재산은 이탈리아 국내에만 국한된 것이 아니라 이오니아해와 에게해를 지나 머나먼 변경까지 뻗쳐 있었다. 고위 관료들의 사치가 극에 달하여 그들의 대저택에는 신전, 분수대, 목욕탕, 주랑, 우거진 숲, 인공 사조원(飼鳥園), 시장, 곡마단 등 온갖 사치스러운 시설들이 갖추어져 있었다.

백성 중에는 가난과 실업으로 고생하는 사람이 많은데도 나라의 지도

자들이 권력과 부에 취하여 사치를 일삼았다. 빈부 격차가 심해질수록 사회 불안은 그만큼 가중되는 법이다.

셋째, 지정된 시간에 원로원 의원이나 일반 백성에게 차별 없이 개방되는 대중목욕탕 테르마에(Thermae)에는 수천 석의 좌석이 갖추어져 있었다. 가장 비천한 로마인일지라도 조그만 동전 한 닢만 있으면 하루 동안 아시아의 왕들도 부러워할 화려한 사치를 즐길 수 있었다.

목욕탕 이용에는 빈부의 구별이 없었는지 누구나 목욕을 즐길 수 있었고 목욕을 마친 로마 시민들은 거리를 어슬렁거리며 선술집이나 매춘굴을 찾아 천박한 육욕을 불태웠다. 사치스럽고 화려한 목욕 시설과 인간의 육욕 사이에는 긴밀한 관계가 있는 모양이다.

넷째, 게으른 대중에게 가장 생동감 있고 화려한 오락은 빈번하게 열리는 경기 대회의 구경거리였다. 마치 로마 전체의 행복과 불행이 한낱 경주 시합의 결과에 달려 있는 듯했다.

로마 시민들은 원형 경기장에서 벌어지는 잔인한 격투들을 구경하면서 열광했는데, 번 벌로의 『매춘의 역사』에 의하면 경기장에서 행해지는 가학 행위는 구경꾼들을 흥분시키고 그 흥분을 진정시키기 위해 사창가와 매춘부를 필요로 했다고 한다. 실제로 로마 시내의 사창가들이 대부분 막시무스 대경기장 근처에 위치해 있었다.

다섯째, 로마인의 도의심을 타락시키는 이 같은 악덕은 사람의 판별력을 어지럽게 하는 유치한 미신과 뒤섞여 있다. 로마인들은 제물로 바친 짐승의 창자를 보고 점을 치는 장복술(腸卜術)이나 점성술 같은 것에 심취했다.

그 외 로마 제국 쇠망의 원인들을 더 들 수도 있겠지만 무엇보다 문란한 성생활에 주목하지 않을 수 없다. 로마인들은 체면상 성매매업에 종사하는 매춘부들을 경멸하고 천한 계층으로 여기면서도 뒤로는 욕정을 채우기 위해 사창가를 드나들기 일쑤였다. 상류층이나 중산층 남자들도 정숙한 아내를 통해서는 지성과 이성의 욕구를 만족시키고 사창가의 여인들을 통해서는 아내에게서 맛보기 힘든 쾌락을 추구했다.

매춘부들은 통행인들이 다 볼 수 있는 위치에서 서거나 앉아서 손님을 기다렸다. 그 여자들은 자신의 몸을 거리에 진열하여 손님들이 사 가도록 유혹을 했다. '거리에 진열하다', '팔기 위해 전시하다'라는 뜻을 가진 '프로스티투테(prostitute)'가 매춘부라는 말로 굳어지게 된 이유다. 한국의 집창촌도 여자들이 도색(桃色) 조명이 비치는 유리문 안에 인형처럼 진열되어 있는데 그야말로 프로스티투테에 충실한 풍경이다.

로마 시대 후기에 국가 공인의 공창(公娼)이 로마에 45개, 폼페이에 7개가 있었다. 폼페이 7개 공창 중 하나는 이발소에 부속되어 있었다고 하니 이발소와 퇴폐 영업은 로마 시대 때부터 단짝을 이루었던 모양이다.

매춘 세금은 AD 1세기에 가이우스 칼리굴라 황제가 즉위한 직후에 매겨졌다. 매춘 세금 액수는 하루에 아무리 손님을 많이 받아도 손님 한 사람 몫의 화대로 정해졌다. 부유층이나 상류층을 상대로 일정 기간 남자 손님 한 사람만 받는 고급 매춘부들도 있었는데 일종의 내연의 처 혹은 첩 노릇을 하며 남자의 재산을 일부 양도받기도 했다.

복무 기간이 20년이나 되는 병사들은 군복무가 끝나기 전에는 결혼이 허용되지 않아 그 기간 동안 주로 매춘부들을 통해 성욕을 해결할 수밖에 없었다. 키케로(Marcus Tullius Cicero)나 카토(Marcus Porcius Cato Uticensis) 같은 철학자들은 매춘을 결혼 생활을 유지하기 위해 고안된 제도로 인정하면서 관대하게 평가했다. 공창을 출입하는 남자들은 타인의 아내에게 손을 대는 무분별한 짓을 하지 않으리라고 생각했기 때문이었다.

다시 말해 로마 남자들은 다른 남자가 자기 아내를 건드리기보다는 공창의 여자를 찾아가기를 원했다는 말이다. 공창이 있을수록 자기 아내를 빼앗길 위험성이 그만큼 낮아지는 셈이다. 공창 제도가 없어지면 자기 아내를 빼앗길 확률이 높아지기 때문에 로마인들은 가정을 지키기 위해서라도 매춘을 인정하고 세금도 정식으로 거두었다.

키케로나 카토 식으로 생각하면 성매매를 없애버리면 오히려 많은 가정이 파탄나지 않을까 염려되기도 한다. 하지만 이런 식으로까지 해서 결혼 생활을 유지해야 한다면 결혼과 가정이 무슨 의미가 있는지 의문이 들지 않을 수 없다.

이러한 로마의 모습을 바라본 사도 바울은 로마 교인들에게 보내는 「로마서」에서 이렇게 개탄하고 있다. "하나님을 알되 하나님을 영화롭게도 아니하며 감사하지도 아니하고 오히려 그 생각이 허망하여지며 미련한 마음이 어두워졌나니 스스로 지혜 있다 하나 어리석게 되어 썩어지지 아니하는 하나님의 영광을 썩어질 사람과 새와 짐승과 기어다니는 동물 모양의 우상으로 바꾸었느니라 그러므로 하나님께서 그들을 마음의 정욕대로 더러움에 내버려 두사 그들의 몸을 서로 욕되게 하게 하셨으니"(롬 1:21-24)

하나님이 죄에 대하여 징계를 내리는 것보다 죄를 짓도록 내버려 두는 것이 더욱 비참한 상태이다. 신학 용어로 말하면 내버려 둔다는 것은 하나님의 '허락'이 아니라 방임에 가까운 '허용'이다.

그 다음 사도 바울은 동성애까지 횡행하고 있는 로마의 상황을 질타하고 있다. "하나님께서 그들을 부끄러운 욕심에 내버려 두셨으니 곧 그들의 여자들도 순리대로 쓸 것을 바꾸어 역리로 쓰며 그와 같이 남자들도 순리대로 여자 쓰기를 버리고 서로 향하여 음욕이 불 일듯 하매 남자가 남자와 더불어 부끄러운 일을 행하여 그들의 그릇됨에 상당한 보응을 그들 자신이 받았느니라"(롬 1:26-27)

여기서 중요한 논점은 동성애 자체가 문제이긴 하지만 이성애든 동성애든 음욕이 불타는 듯한 무절제가 더욱 문제라는 것이다. 이 구절에서도 부끄러운 욕심에 '내버려 두었다'는 용어가 나오고 있다. 성윤리가 문란하면 그 사회는 불의, 추악, 탐욕, 시기, 살인, 분쟁, 사기, 악독들이 가득하게 될 것이 뻔하다.

그런 사회의 상황을 바울은 "하나님께서 그들을 그 상실한 마음대로 내버려 둔"(롬 1:28) 상태라고 했다. 신(神)이 더러움과 부끄러운 욕심과 상실한 마음대로 내버려 둔 나라는 아무리 큰 제국이라 하여도 쇠망하기 마련이다.

41

예수가 독신자라는 기록은
어디에도 없다

한때 댄 브라운(Dan Brown)의 소설 『다빈치 코드』가 제법 인기를 얻은 적이 있었다. 레오나르도 다빈치가 그린 〈최후의 만찬〉에서 예수의 오른 편에 있는 사람이 예수의 아내였던 막달라 마리아라는 가설을 증명해 나 가는 내용이 담겨 있다.

예수의 발에 향유를 붓고 머리털로 닦은 여인이 막달라 마리아이고 예수가 죽은 직후 무덤에 맨 처음 찾아간 여인도 막달라 마리아인 것을 보면, 예수와 막달라 마리아가 얼마나 서로 친밀했는지 짐작할 만하다. 「누가복음」 8장 1절 이하에 보면 예수와 제자 공동체를 여러 여자들이 후 원했음을 알 수 있다.

"예수께서 각 성과 마을에 두루 다니시며 하나님의 나라를 선포하시 며 그 복음을 전하실새 열두 제자가 함께 하였고 또한 악귀를 쫓아내심과 병 고침을 받은 어떤 여자들 곧 일곱 귀신이 나간 자 막달라인이라 하는 마리아와 헤롯의 청지기 구사의 아내 요안나와 수산나와 다른 여러 여자

가 함께 하여 자기들의 소유로 그들을 섬기더라"(눅 8:1-3)

　　일곱 귀신이 들려 정신이상을 일으킨 큰 고통에서 예수가 구해 주었으니 막달라 마리아가 받은 은혜는 이루 말할 수 없다. 그녀는 자신의 일생을 예수와 그 사역을 섬기는 데 헌신하기로 했다.

　　그런데 호기심이 많은 인간은 예수와 막달라 마리아가 과연 어느 정도까지 친밀했는지 끊임없이 상상력을 발휘해 왔다. 1998년도 노벨문학상을 받은 주제 사라마구(Jose Saramago)의 소설『예수의 제2복음』을 보면 막달라 마리아는 예수의 정식 아내도 아닌 정부(情婦)로 나온다. 그 부분을 인용하면 다음과 같다.

　　　"마리아는 아무 말도 하지 않고 한숨을 쉬며 그대로 자리에 누워 그를 두 팔로 안아 이마와 눈에 입을 맞추었다. 그럴 때면 예수는 그녀의 가슴에서 풍기는 달콤하고 따스한 체취를 맡을 수 있었다. 때로는 예수가 다시 잠자리에 드는 날도 있었고 또 어떤 날은 그렇게 질문하는 것을 잊고 마치 무언가 다른 형태로 다시 태어날 수 있을 것만 같은 고치 안에 들어가듯이 막달라 마리아의 육체 안에서 안식처를 찾기도 했다."

　　니코스 카잔차키스(Nikos Kazantzakis)의 소설『그리스도 최후의 유혹』에서는 예수가 십자가상에서 막달라 마리아와 결혼하여 자식들을 낳고 살아가는 삶을 환상 중에 꿈을 꾸듯이 그려 본다. 마틴 스콜세지(Martin Scorsese) 감독이 그 작품을 토대로 영화를 만들어 충격을 주기도 했다.

　　프랑스 작가 쟝 끌로드 바로(Jean Claude Barreau)의『예수의 일기』에서는 예수가 스물일곱 살 때 벤 이삭의 장녀 사라와 혼인식을 올리는 것으로 되어 있다.

> "내가 쾌히 장가를 가겠다고 말씀드리자 어머니는 내가 메시야의 신발을
> 신게 된다는 언약과 희망을 마음속 깊이 간직하고 계시면서도 막상 그날
> 이 올까봐 두려워하고 계셨던 것이다. 그래서 내가 정상적인 생활을 받
> 아들이는 것이 그녀의 마음을 안심시켜 주었던 것이다."

예수가 어머니의 뜻을 받들어 일찍부터 혼인 약속이 되어 있던 집안
의 여인과 결혼을 했다는 것이다. 그러나 예수의 아내 사라는 때마침 유
행한 페스트 질병으로 얼마 있지 않아 죽고 말았다.

한국에서도 1958년 5월 『현대문학』에 게재된 송기동의 단편소설 「회
귀선」이 예수와 막달라 마리아의 애정 관계를 다루었다 하여 그 당시 한
국 교회로부터 거센 항의와 비난을 받았다. 결국 조연현 주간과 추천자인
계용묵 소설가는 해명서를 게재할 수밖에 없었다.

조연현은 해명서를 통해 "총체적으로 말해서 이 작품은 기독을 모독
하기 위하여 조작된 비루한 탈선적 작품으로서 이러한 작가적 탈선은 용
서되어서는 안 된다"고 비난했다. 계용묵은 "기독에게 욕을 돌린다는 것
은 본의도 아니었거니와 있을 수도 없는 일이다"라고 해명했다.

「회귀선」의 주요 스토리는 예수가 부활 사기극을 벌인다는 내용이었
다. 십자가에 달린 사람은 예수가 아니라 예수를 닮은 자였고 진짜 예수
는 제자들의 도움으로 산중 동굴 속으로 숨어들어갔다는 것이다. 그 동굴
속으로 막달라 마리아가 찾아와 잠든 예수의 몸을 애무한다. 그 소설에서
는 예수가 남자이면서도 남자 구실을 못 하는 자로 그려지고 있다.

『그리스도 최후의 유혹』이 1951년에 나온 소설이긴 하지만 아직 한국에 번역되지 않았을 시기인데도 신인 작가 송기동은 카잔차키스보다 한 단계 더 나아간 예수 소설을 쓴 셈이다.

성서 어디를 보아도 예수가 결혼하지 않은 독신자라는 기록은 없다. 예수가 여성과 교합 경험을 가진 적이 없다고 언급한 대목도 없다. 다만 예수가 결혼했다는 기록이 없으므로 독신자였으리라 추측할 뿐이다. 그리고 예수는 거룩한 하나님의 아들이므로 여성과 교합 경험을 가졌을 리가 만무하다고 여길 뿐이다.

하긴 예수가 독신자라는 것을 암시하는 구절이 한 군데 있기는 하다. 「마태복음」 19장 12절에 보면 "어머니의 태로부터 된 고자도 있고 사람이 만든 고자도 있고 천국을 위하여 스스로 된 고자도 있도다 이 말을 받을 만한 자는 받을지어다"라는 구절이 있다.

세례 요한이나 바울 같은 인물 역시 '천국을 위하여 스스로 된 고자'였다. 지금 가톨릭 신부들도 바로 그러한 고자들이다, 그러나 베드로를 비롯한 예수의 많은 제자가 천국 고자로 살지 않고 아내와 가정을 가지고 살았으면서도 하나님의 사역을 훌륭히 감당해 내었다.

문제는 남녀의 교합을 신성을 훼손하는 일로 여기는 고정 관념에 있다. 성모 마리아의 처녀성이 마리아의 신성을 보장하는 것처럼 억지 이론을 펼치는 것도 이런 고정 관념에서 연유한 도로(徒勞)일 뿐이다.

그와 마찬가지로 예수가 결혼했든 하지 않았든 예수의 신성에는 아무 영향이 없다. 물론 예수가 결혼하지 않았을 것이 틀림없지만 백보 양보하여 결혼했다고 하더라도 예수의 인격과 신성이 훼손되지는 않는다.

인간의 육신을 입고도 신성을 유지할 수 있었던 예수라면 다른 인간들과 똑같이 결혼하고 교합 경험을 가지고도 능히 신성을 유지할 수 있었을 것이다. 예수는 다른 인간들과 똑같이 포도주를 마시고 빵을 먹고 대변과 소변을 배설했지만 그 배설 행위가 그의 신성을 조금도 다치게 하지 않았다.

성(性)과 남녀의 교합은 원래 하나님이 인간을 비롯한 생물들에게 내려 준 축복으로 신성한 것이다. 너무도 신성하기에 더럽혀서는 안 되는 것이지 그 자체를 더러운 것으로 꺼려할 필요는 없다. 예수가 만약 결혼했다고 해도 인류의 구주가 되기에 합당한 분이라는 사실에는 변함이 없다.